Dilden Kalbe Türkçe

Turkish for Foreigners

Level 1

by
Müslim Emre Püsküllüoğlu

Illustrations
Irene Kim-Ahıska

Contributing Writer
Zafer Akman

Fourth Edition

Dilden Kalbe Türkçe: Turkish for Foreigners, Level 1

Text copyright © 2012 by Müslim Emre Püsküllüoğlu
Illustrations copyright © 2012 by Irene Kim-Ahıska

All rights reserved. Published by Turkish Language Institute. No part of this book may be reproduced or transmitted in any form or by any means, electronic or mechanical, including photocopying, recording, or by any information storage and retrieval system, without the written permission from the publisher. For information contact Turkish Language Institute at www.turkishlanguage.us.

Fourth Edition – July 2013

Contributing Writer Zafer Akman

ISBN-13: 978-1478391999
ISBN-10: 1478391995

www.turkishlanguage.us
www.dildenkalbe.com

CONTENTS

CONTENTS 3
ACKNOWLEDGEMENTS 7
INTRODUCTION 8
ABOUT TURKISH 10
ÜNİTE 1 13
    SES BİLGİSİ *(Phonetics)* 13
    ALFABE *(Alphabet)* 14
    BÜYÜK SESLİ UYUMU VE ÇOĞUL EKLERİ (-ler, -lar) *(The Rule of First Vowel Harmony and Plural Suffixes)* 16
    SELAMLAŞMALAR *(Greetings)* 17
    DİYALOG - TANIŞMA 18
    NE DEMEK? *(What does .... mean?)* 19
    ALIŞTIRMALAR 20
ÜNİTE 2 21
    İŞARET ZAMİRLERİ: Bu, Şu, O *(Demonstrative Pronouns)* BU NE? *(What is this?)* 21
    BU KİM? *(Who is this?)* 21
    ÇOĞUL İŞARET ZAMİRLERİ: Bunlar, Şunlar, Onlar BUNLAR NE? *(What are these?)* 23
    BUNLAR KİM? *(Who are these people?)* 23
    BURASI NERESİ? *(Where is this?)* 24
    KÜÇÜK SESLİ UYUMU VE SORU EDATI (mı, mi, mu, mü) *(The Rule of Second Vowel Harmony and the Interrogative Particle)* 26
    DEĞİL *(is/are not)* 26
    ALIŞTIRMALAR 28
ÜNİTE 3 30
    BULUNMA HAL EKLERİ *(Locative Suffixes)* NEREDE? (-de, -da, -te, -ta) *Where is ...? (in, on, at)* 30
    SESSIZ BENZEŞMESİ *(Consonant Harmony)* 30
    VAR × YOK *(There is vs. There is not)* 31
    KİMDE? *(Who has ...?)* 32
    BURADA, ŞURADA, ORADA *(Here and There)* 32
    SIFATLAR *(Adjectives)* 34
    SIFAT TAMLAMASI *(Adjective Clause)* 35
    BİR *(a or an)* 35
    DİYALOG - YOLDA 36
    ALIŞTIRMALAR 37
    KÜLTÜREL NOTLAR 39
ÜNİTE 4 40

- BİZİM MAHALLE 40
  - .... mı, ... mi? *(.... or....?)* 42
  - .... değil mi? *(Isn't it?)* 43
  - MASTAR EKLERİ (-mek, -mak) *(Infinitive Suffixes)* 44
  - NERESİ *vs* NEREDE *and* BURASI *vs* BURADA 45
  - DİYALOG - PANSİYONDA 46
  - ALIŞTIRMALAR 47
  - DİYALOG - GÜZEL BİR KİTAP VAR MI? 48
- ÜNİTE 5 49
  - TEKRAR 49
  - ŞİMDİKİ ZAMAN OLUMLU (-yor, -ıyor, -iyor, -uyor, -üyor) *(Present Progressive Tense, Positive)* 50
  - SON SESLİSİ DEĞİŞENLER *(Verbs Ending with A or E Vowels)* 51
  - SON SESLİSİ UYUMLU OLANLAR *(Verbs Ending with I, U or Ü vowels)* 52
  - SONU 'T' İLE BİTEN BAZI FİİLLERİN OLUMLU ÇEKİMLERİ *(T-D Changes in Positive Verb Conjugation)* 52
  - ŞİMDİKİ ZAMAN OLUMSUZ (-mı, -mi, -mu, -mü) *(Present Progressive Tense, Negative)* 53
  - -yor EKİNİN GÖREVLERİ *(The Functions of the -yor Suffix)* 54
  - TÜRKÇE'DE OLUMSUZLUK *(Negation)* 54
  - DİYALOG - NE YAPIYORSUN? 55
  - CÜMLE YAPISI *(Sentence Structure)* 56
  - ALIŞTIRMALAR 57
- ÜNİTE 6 60
  - MİNİ TEST 60
  - ŞİMDİKİ ZAMAN SORU *(Present Progressive Tense, Interrogative)* 61
  - EVET/HAYIR SORULARI *(Yes/No Questions)* 62
  - OLUMSUZ SORU *(Negative Interrogatives)* 63
  - AYRILMA HAL EKLERİ (-den, -dan, -ten, -tan) *(The Ablative Case)* 64
  - YÖNELME HAL EKLERİ (-e, -a) *(Dative Case)* 65
  - SERT SESSİZ YUMUŞAMASI KURALI *(The Rule for Softening Hard Consonants)* 66
  - ALIŞTIRMALAR 68
  - KÜLTÜREL NOTLAR 70
- ÜNİTE 7 71
  - TEKRAR 71
  - SAYILAR *(Numbers)* 74
  - GÜNLER *(Days)* 74
  - AYLAR *(Months)* 74
  - MEVSİMLER *(Seasons)* 74
  - RENKLER *(Colors)* 75
  - SAAT KAÇ? *(What time is it?)* 75

SAAT KAÇTA? *(At what time?)* 75
PROGRAM *(Schedule)* 76
SIRA SAYI SIFATLARI *(Ordinal Numbers)* 77
-den ÖNCE *(Before)* 78
-den SONRA *(After)* 78
DİYALOG - EKMEK VAR MI? 79
ALIŞTIRMALAR 80

ÜNİTE 8 84

MESLEKLER *(Occupations)* 84
EK FİİL GENİŞ ZAMAN (-im, -sin, (-dir), -iz, -siniz, -ler) *(To Be, Present Tense)* 85
KENDİNİ TANITMA *(Introducing Oneself)* 86
DİYALOG - PASAPORT KONTROL 88
NEREDESİNİZ? *(Where are you?)* 89
BAZI BAĞLAÇLAR *(Some Conjunctions)* 90
DE, DA *(and, also, too)* 91
NİÇİN? NEDEN? NİYE? *(Why)* 91
OKUMA - İSTANBUL'DA BİR ÖĞRENCİ 92
ALIŞTIRMALAR 93

ÜNİTE 9 96

MİNİ TEST 96
NERELİSİNİZ? HANGİ DİLİ KONUŞUYORSUNUZ? *(Where are you from? What language do you speak?)* 97
DİYALOG - SINIFTA 98
EMİR KİPİ *(Second Person Singular Imperatives)* 99
LÜTFEN *(Please)* 100
YOL TARİFİ *(Directions)* 101
ALIŞTIRMALAR 102
KÜLTÜREL NOTLAR 105

ÜNİTE 10 106

İYELİK EKLERİ : -im, -in, -(s)i, -imiz, -iniz, -leri *(Possessive Suffixes)* 106
ÇOĞUL EKLERİ VE İYELİK EKLERİ *(Plural suffixes + Possessive Suffixes)* 109
İYELİK EKLERİ VE BULUNMA HAL EKLERİ *(Possessive Suffixes + Locative Suffixes)* 109
(Benim) EVİM VAR *(I have a house)* 110
OKUMA - EVİM VE AİLEM 111
BENİM DEĞİL - KALEMİM YOK *(This is not mine vs. I don't have ....)* 112
ALIŞTIRMALAR 113

ÜNİTE 11 116

BELİRTME HAL EKLERİ *(The Definite Suffixes, Accustive Case)* 116
KİMİ? 117
NEYİ? 118

BUNU ŞUNU ONU *(Demonstrative Adjectives + Accusative Suffix)* 119
ÇOGUL EKLERİ VE BELİRTME HAL EKLERİ *(Plural Suffixes + Accusative Case)*..................119
İYELİK EKLERİ VE BELİRTME HAL EKLERİ *(Possessive Suffixes + Accusative Case)*...........120
DİYALOG - PİKNİĞE DAVET 121
İMLA *(Dictation)*..122
ALIŞTIRMALAR 123
ÜNİTE 12 125
GENEL TEKRAR 125
SÖZLÜK *(Dictionary)*.. 130
FİİLLER SÖZLÜĞÜ *(Verb Dictionary)*.. 136
ORTAK KELİMELER *(Turkish - English Cognate Words)* 138
CEVAP ANAHTARI *(Answers)*.. 141

ACKNOWLEDGEMENTS

Writing a textbook to meet the needs of my students has long been an objective of mine. With this book it has finally been realized, but it would not have been possible without the help and support of my friends whose names appear below.

First, I offer my sincerest gratitude to **Recep Özkan**, my mentor and former supervisor, who has devoted himself relentlessly and enthusiastically to the promotion of Turkish culture and language in countries all over the world. He is an inspiration to me, and thanks to his efforts and support this book has come into being.

My special thanks go to **Murat Akbaş**, president of The Turkish Language Institute, for supporting this project.

I would like to express my greatest appreciation to my former student **Irene Kim-Ahıska**. I cannot thank her enough for her wonderful illustrations and creative recommendations, as well as for her editorial assistance with the English texts.

I must also thank **Zafer Akman**, my co-author for earlier drafts of this book. He was instrumental in getting the project off the ground.

My thanks must also be extended to **Artis Klavins**, another former student, for his early suggestions regarding grammar explanations in English.

I would also like to thank **Hasan Hayri Demirel**, publishing editor at Kaynak Yayınları, and my fellow Turkish language educator **Oğuzhan Aras** for reviewing the manuscript and sharing their insights.

And of course I must thank **Mehmet Ertaş**, **Ayşin Koca** and **Seher Şeylan** of Westwood Productions for lending their wonderful voices to the CD, and to **Hacı Ali Levent** for editing it.

Müslim Emre Püsküllüoğlu
Los Angeles, August 2012

INTRODUCTION

As Turkey becomes more prominent in the global arena, and as Turks spread out across this rapidly shrinking world, more and more people are becoming interested in learning the Turkish language. Foreign businessmen want to communicate directly with their Turkish counterparts. Tourists flocking to the country's magnificent sites want to learn enough Turkish to get around and make their trips more fulfilling. The offspring of Turkish emigrants want to reconnect with their heritage. Linguists delight in the unfamiliar yet logical grammatical structure of the language. And of course, many people want to learn to speak Turkish to become closer to their significant others: they will learn the language for reasons of love.

Most of these potential students are eager to learn, but they often have little time for language study. Very few textbooks on the market meet their needs. Some are little more than rudimentary phrase books while others are heavily grammar oriented volumes designed for full-time students. *Dilden Kalbe Türkçe* is designed to fill a need in the middle ground. We aim to enable students to express themselves in Turkish as quickly as possible by teaching them the most essential features of the language up front. This book is designed for adults at a beginner's level to use in a classroom setting. It is divided into twelve units, each of which can be covered in a 2-3 hour session. With the help of instructors applying our teaching method, students will receive well-rounded instruction covering grammar, conversation, reading and writing.

Our book introduces students to the basic elements of Turkish, such as vowel harmony and the use of suffixes. Plural forms, personal endings, possessive forms, imperatives, negations, and four basic case endings are covered. After completing these lessons, our students will have the tools to construct basic statements and questions in the present progressive tense.

Using a step-by-step approach, each new unit builds upon elements covered in previous units and gradually introduces new forms. Short descriptions of grammatical usage are included to enable students to review grammar on their own. Units contain *Faydalı Deyişler (Useful Phrases)* sections that introduce essential Turkish expressions that are used daily. *Grup Çalışması (Group Work)* sections contain exercises meant to be performed by small groups of students and *Sınıf Çalışması (Class Work)* sections are for the whole class to do together. The *Alıştırmalar (Exercises)* sections at the end of the units are meant to be assigned as homework. They are indicated with the homework icon.

Units contain short conversations and readings employing the grammar that has been covered. The accompanying CD contains recordings of these sections. The recordings will help students to improve their listening skills and pronunciation. The CD icon marks the sections in the book that are found on the CD.

Vocabulary from the book can be found at the end in the *Sözlük (Dictionary)* and *Fiiller Sözlüğü (Verb Dictionary)*. A list of common words between Turkish and English has been added in the *Ortak Kelimeler* section. These sections are indicated with the dictionary icon.

The final unit is a test. It is provided so that the students and teachers may spend the last class of the term assessing students' progress and reviewing material before moving on to the next level.

Answers for select sections have been added at the end of the book.

Of course, we don't learn a foreign language just to engage in simple daily conversations. Our ultimate goal is insight into a different, rich culture. To help our students start out their journey towards the discovery of Turkish culture, we have included *Kültürel Notlar* sections explaining some basic cultural features they may encounter every day in Turkey. In our illustrations as well, we have tried to incorporate objects, locations and situations that will be familiar to any Turk in the hopes that our students will also become familiar with these small details of life.

Learning a foreign language as an adult is often likened to gymnastics for the brain. For the English speaker, Turkish may present a unique challenge: Its word order, grammatical structure and vocabulary are quite different from those of English or indeed of any other language the learner may know. However, Turkish is a very logical language, and the rewards for those who achieve proficiency are great. The effort required to learn Turkish can help keep an adult mind active, stimulate it to think in different ways, and open new vistas.

Many people decide to learn Turkish after falling in love with Turkey. A student who was learning Turkish for her in-laws once said that unlike these classmates of hers, she only fell in love with the country and its culture after studying the language. This compliment was the inspiration for the title of this series, *Dilden Kalbe*, 'from language to the heart.' My work with students has led to many lasting friendships and has even led to collaboration on this project. We hope you find this book useful, and we hope Turkish brings as much joy into your lives as it has into ours. *Güle güle kullanınız!*

ABOUT TURKISH

Origins

Turkish is spoken as a native language by over 220 million people worldwide, predominantly in Turkey, but also in small pockets in Iraq and the Balkans. It is the most commonly spoken of the approximately 30 living Turkic languages that are found across Central Asia, Siberia and Eastern Europe. Turkic languages are part of the Altaic language family.

The roots of Turkish can be traced to Central Asia, with the earliest known Turkic inscriptions found in modern-day Mongolia dating back to the 8th century. As the Seljuk Turks moved into Anatolia in the 11th century, many Arabic and Persian words began to appear in the vocabulary. Ottoman Turkish, which was the literary and official language of the Ottoman Empire, was heavily influenced by Persian and Arabic.

After the foundation of the Republic of Turkey in 1923, Ottoman script was replaced by the Latin alphabet. *Türk Dil Kurumu* (The Turkish Language Association) was established under the patronage of the republic's founding father, Mustafa Kemal Atatürk. It was charged with the task of language reform, purging loanwords from Persian and Arabic and replacing them with Turkish equivalents. Their efforts were extremely effective. As a result, modern Turkish is considerably different from the language spoken just one century ago. The TDK is still active today, with their efforts now more focused on coining new Turkish words to express concepts and technological terms that have entered the language, primarily from English.

Characteristics

One distinctive characteristic of the Turkish language is vowel harmony, a common feature of Altaic languages. This means that within a word, vowels will usually be found with other vowels of the same type. Much of the emphasis in introductory classes will be on familiarizing the student with this concept.

Another characteristic of Turkish is agglutination. This means that several suffixes can be added onto a word to express not only who the subject is, but also concepts such as plurality, location, possession, tense and much more. As a result words can become very long. It makes it fairly difficult for one not familiar with the language to separate the base word from the suffixes.

The basic word order for Turkish is 'subject – object – verb.' The placement of the verb at the end of a sentence can prove to be challenging for many English speakers.

In Turkish, personal pronouns, nouns and adjectives have no gender. For example, the third person pronoun *o* can mean 'he,' 'she,' 'it' or 'that' depending on the context in which it is used. There is also no definite article similar to 'the.'

Punctuation is slightly different from English, with the most noticeable difference being the use of a comma after the subject. This can often be seen when the subject comes at the beginning of a long sentence. An apostrophe is used to separate proper nouns or foreign words from most suffixes that follow.

As in many other languages, the second person plural pronoun, *siz*, and its verb forms are used to express respect when addressing a single person. Although the pronouns *biz* and *siz* are already plural, the plural suffix '*-ler*' is occasionally added to accentuate or clarify the plurality, as in *bizler* and *sizler*.

Alphabet

The Turkish alphabet is a Latin alphabet consisting of 29 letters. The letters Ç, Ğ, I, İ, Ö, Ş and Ü have been adapted to suit the phonetic requirements of the language. Written Turkish matches the phonetic pronunciation of words fairly accurately.

The letters of the Turkish alphabet are as follows:

Capital Letters

A B C Ç D E F G Ğ H I İ J K L M N O Ö P R S Ş T U Ü V Y Z

Lower Case Letters

a b c ç d e f g ğ h ı i j k l m n o ö p r s ş t u ü v y z

The eight vowels are A, E, I, İ, O, Ö, U and Ü. The remaining 21 letters are consonants. The letters Q, W and X do not appear in the Turkish alphabet. However, they can be found on keyboards as they are widely used in foreign words.

Pronunciation

Ğ is almost silent, indicating a slight restriction at the top of the throat. It has the effect of elongating the preceding vowel.

The Turkish R is pronounced as a rolling R, similar to Spanish or Italian.

In cases where two identical consonants are adjacent to each other, the letters are not pronounced separately but the enunciation is longer, having a short pause effect. Compare *battı* (it sank) with *batı* (west).

A circumflex is commonly referred to as a *şapka* (hat) and appears as Â, Î or Û. In the past it was employed fairly widely, however the current norm is to use it only when there is a need to differentiate between words that would otherwise be spelled identically. In some cases they are used to indicate that the vowel is elongated. An example of this is *hâlâ* (still) as opposed to *hala* (paternal aunt). When Â or Û appear after the letters K, G or L, the circumflex indicates that the vowel is pronounced with a slight Y sound before it. An example is *kâr* (profit) as opposed to *kar* (snow). Circumflexed letters do not appear in the alphabet.

ÜNİTE 1
SES BİLGİSİ *(Phonetics)*

Letter	Approximate pronunciation	Turkish word
Aa	park	araba
Bb	balloon	balon
Cc	justice	cami
Çç	church	çörek
Dd	dark	davul
Ee	best, met	el
Ff	full	fuar
Gg	guy	garson
Ğğ (yumuşak ge)	-	öğretmen
Hh	hat	herkes
Iı	nation, brother	ıslık
İi	peak	insan
Jj	measure	jeton
Kk	king	kiraz
Ll	lamb	leylek
Mm	mug	masa
Nn	net	net
Oo	bold, north	oda
Öö	early, heard	örnek
Pp	pin	pis
Rr	rug	radyo
Ss	sausage	sosis
Şş	shoe	şu
Tt	ticket	tilki
Uu	zoo, hoof	kuzu
Üü	French tu, German über	üç
Vv	very	ver
Yy	yellow	yemek
Zz	zebra	zil

ALFABE (Alphabet)

D _____ E _____ F _____ G _____

J _____ K _____ L _____ M _____

R _____ S _____ Ş _____ T _____

Z _____

Sesli harfler (Vowels):

a e ı i o ö u ü

Kalın sesliler
(strong or back vowels)
a ı o u

İnce sesliler
(light or front vowels)
e i ö ü

Sessiz harfler (Consonants):

b c ç d f g ğ h j k l m n p r s ş t v y z

BÜYÜK SESLİ UYUMU VE ÇOĞUL EKLERİ (-ler, -lar)
(The Rule of First Vowel Harmony and Plural Suffixes)

The term 'first vowel harmony' refers to the use of *a* or *e* in a suffix. For suffixes that follow first vowel harmony, it is the vowel of the preceding syllable that determines whether *a* or *e* is used. For example, Turkish has two plural suffixes *-lar* and *-ler*. The suffix *-lar* is added when the preceding syllable contains the vowels *a, ı, o* or *u*; *-ler* is added when the preceding syllable contains *e, i, ö* or *ü*. The following chart illustrates the principle of first vowel harmony.

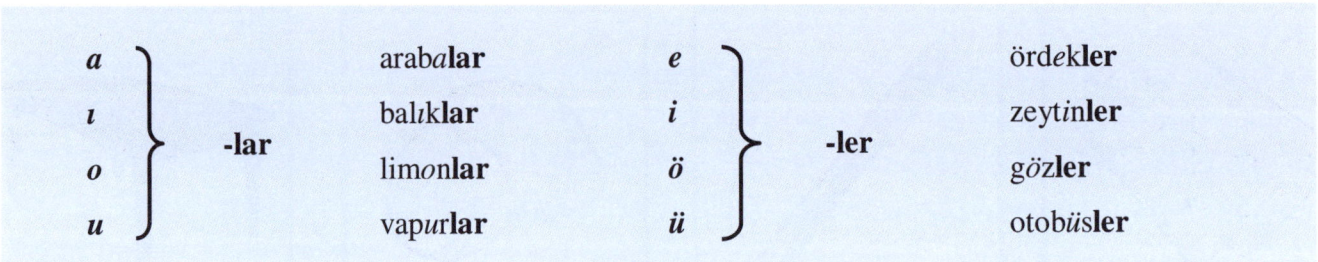

kedi_____   köpek_____   kuş_____

anahtar_____   gazete_____   kravat_____

SELAMLAŞMALAR (Greetings)

DİYALOG - TANIŞMA

Azra:	Merhaba.
Zeynep:	Merhaba.
Azra:	Hoş geldiniz.
Zeynep:	Hoş bulduk.
Azra:	Nasılsınız?
Zeynep:	İyiyim. Siz nasılsınız?
Azra:	Ben de iyiyim. Teşekkür ederim. Adınız ne?
Zeynep:	Adım Zeynep. Sizin adınız ne?
Azra:	Benim adım Azra. Memnun oldum.
Zeynep:	Ben de. Hoşçakal.
Azra:	Güle güle.
Zeynep:	Görüşürüz.
Azra:	Görüşürüz.

GRUP ÇALIŞMASI

NE DEMEK? *(What does .... mean?)*

Oktay: *Tea*, ne demek?

Irene: *Tea*, çay demek.

Serdar: *Computer* ne demek?

Kate: *Computer*, _____ demek.

Andrea: *Cheese* ne demek?

Selçuk: *Cheese*, _____ demek.

Carla: *Book*, ne demek?

Cüneyt: *Book*, _____ demek.

Sinan: *Car* ne demek?

Rita: *Car*, _____ demek.

Özgür: *Purse* ne demek?

Anette: *Purse*, _____ demek.

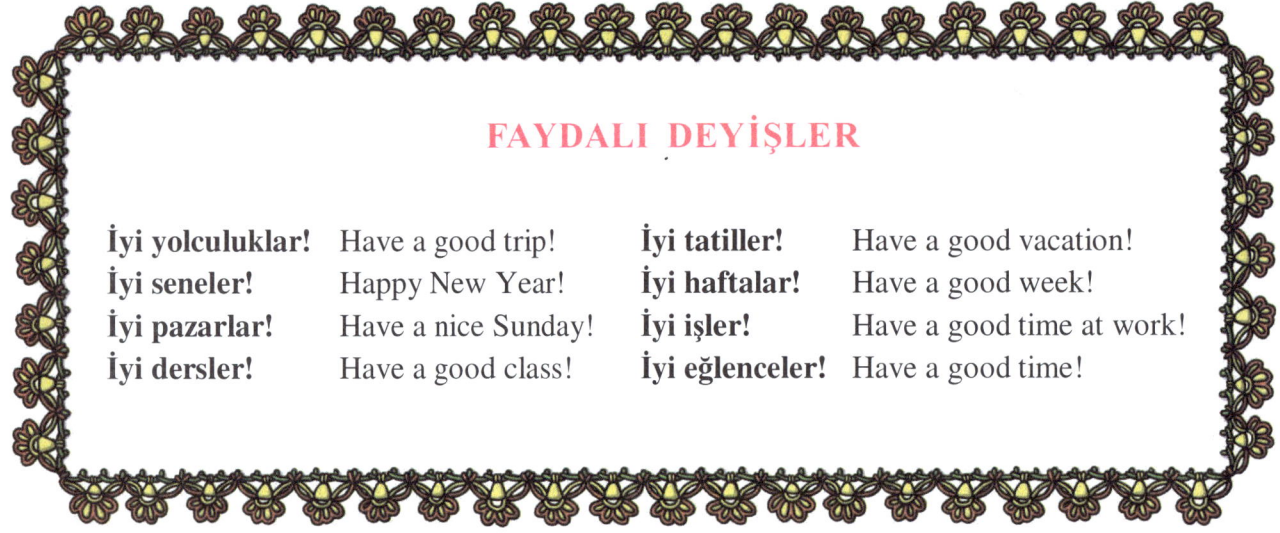

ALIŞTIRMALAR

A. *Find the appropriate response from column B to the phrases in column A.*

	A			B
1.	Hoş geldiniz. _____		a.	Araba, *car* demek.
2.	Günaydın. _____		b.	Güle güle.
3.	Merhaba. _____		c.	Merhaba.
4.	Hoşçakal. _____		ç.	İyi akşamlar!
5.	Adınız ne? _____		d.	İyi günler!
6.	İyi akşamlar! _____		e.	Ben de.
7.	İyi günler! _____		f.	İyiyim.
8.	Görüşürüz! _____		g.	Görüşürüz.
9.	Memnun oldum. _____		ğ.	Adım Emre.
10.	Nasılsınız? _____		h.	Günaydın.
11.	'Araba' ne demek? _____		ı.	Hoş bulduk.

B. *Add the correct plural suffixes.*

1. erkek _____
2. ceket _____
3. ayakkabı _____
4. pantolon _____
5. gömlek _____
6. kadın _____
7. etek _____
8. bluz _____
9. şal _____
10. çanta _____
11. ev _____
12. koltuk _____
13. kilim _____
14. garaj _____
15. bisiklet _____
16. bahçe _____
17. ağaç _____
18. okul _____
19. sınıf _____
20. tahta _____
21. harita _____
22. projektör _____
23. defter _____
24. kitap _____
25. öğretmen _____
26. öğrenci _____
27. sözlük _____
28. kapı _____
29. pencere _____
30. soru _____

ÜNİTE 2

İŞARET ZAMİRLERİ: Bu, Şu, O[1] *(Demonstrative Pronouns)*
BU NE? *(What is this?)*

BU KİM? *(Who is this?)*

---

[1] There is no distinction of gender in Turkish. For example, the third personal pronoun, *o*, means 'he,' 'she' or 'it' according to the context. *O* is also the equivalent of the demonstrative pronoun 'that.' As a demonstrative pronoun, it may precede a noun that refers to something that a person already has in mind or has already been talking about.

GRUP ÇALIŞMASI

1. Bu ne?

Bu (bir)[2] _____

2. Şu ne?

Bu (bir) _____

3. O ne?

O (bir) _____

4. Bu ne?

Bu (bir) _____

5. Şu ne?

O (bir) _____

6. O ne?

O (bir) _____

7. Bu kim?

Bu (bir) _____

8. Şu kim?

Bu (bir) _____

9. O kim?

O (bir) _____

10. Bu kim?

Bu (bir) _____

11. Şu kim?

O (bir) _____

12. O kim?

O _____

---

[2] Adding *bir* before the noun is optional.

ÇOĞUL İŞARET ZAMİRLERİ: Bunlar, Şunlar, Onlar[3]
BUNLAR NE? *(What are these?)*

1. Bunlar ne?

   Bunlar _____

2. Şunlar ne?

   Onlar _____

3. Onlar ne?

   Onlar _____

BUNLAR KİM? *(Who are these people?)*

1. Bunlar kim?

   Bunlar _____

2. Şunlar kim?

   Onlar _____

3. Onlar kim?

   Onlar _____

---

[3] There is no need to pluralize the noun in the predicate if the subject noun already has a plural suffix.

BURASI NERESİ? *(Where is this?)*

Burası okul.

  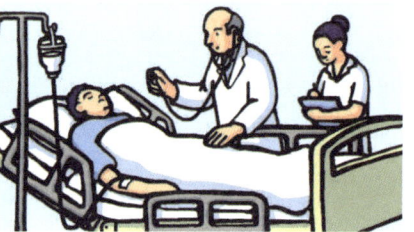

SINIF ÇALIŞMASI

Answer the following questions.

1. Burası neresi?

   Burası İstanbul.

2. Orası neresi?

   _____

3. Burası neresi?

   _____

4. Burası neresi?

   _____

5. Orası neresi?

   _____

6. Burası neresi?

   _____

7. Orası neresi?

   _____

8. Orası neresi?

   _____

9. Burası neresi?

   _____

10. Burası neresi?

    _____

KÜÇÜK SESLİ UYUMU VE SORU EDATI (mı, mi, mu, mü)
(The Rule of Second Vowel Harmony and the Interrogative Particle)

The term 'second vowel harmony' refers to the use of *ı, i, u* or *ü* in a suffix or particle. As in the case of first vowel harmony, it is the vowel of the preceding syllable that determines whether *ı, i, u* or *ü* is used.

If the preceding syllable contains *a* or *ı*, '*ı*' is used in the suffix or particle; if the preceding syllable contains *o* or *u*, '*u*' is used; if the preceding syllable contains *e* or *i*, '*i*' is used; and if the preceding syllable contains *ö* or *ü*, '*ü*' is used.

The interrogative particles *mı*, *mi*, *mu* and *mü* illustrate this rule. These particles are like spoken question marks, indicating that a question is being asked to which the answer 'yes' or 'no' is required.

a	} mı	Bu araba **mı**?	*e*	} mi	Bu ördek **mi**?
ı		Bu balık **mı**?	*i*		Bu zeytin **mi**?
o	} mu	Bu limon **mu**?	*ö*	} mü	Bu göz **mü**?
u		Bu vapur **mu**?	*ü*		Bu üzüm **mü**?

DEĞİL *(is/are not)*

The word *değil*, 'is/are not,' is used to negate the verb *olmak*, 'to be.'

SINIF ÇALIŞMASI

Bu köpek mi?

Hayır, bu köpek değil.
Bu kedi.

Bu limon mu?

Hayır, _____
_____

Bu araba mı?

Hayır, _____
_____

Bu doktor mu?

Hayır, _____
_____

GRUP ÇALIŞMASI

1. Bu gemi **mi**? Hayır, **bu gemi değil.** **Bu vapur.**	**8.** Bu takvim _____? Hayır, _____ _____
2. O gül _____? Evet, _____ _____	**9.** Bu zeytin _____? Hayır, _____ _____
3. Bu çay _____? Evet, _____ _____	**10.** Bu jet _____? Evet, _____ _____
4. O cüzdan _____? Evet, _____ _____	**11.** Bu şemsiye _____? Evet, _____ _____
5. O terzi _____? Evet, _____ _____	**12.** Bu bilgisayar _____? Hayır, _____ _____
6. Şu hanım sekreter __? Hayır, _____ _____	**13.** Bu bey asker _____? Evet, _____ _____
7. Burası tiyatro _____? Hayır, _____ _____	**14.** Burası kilise _____? Hayır, _____ _____

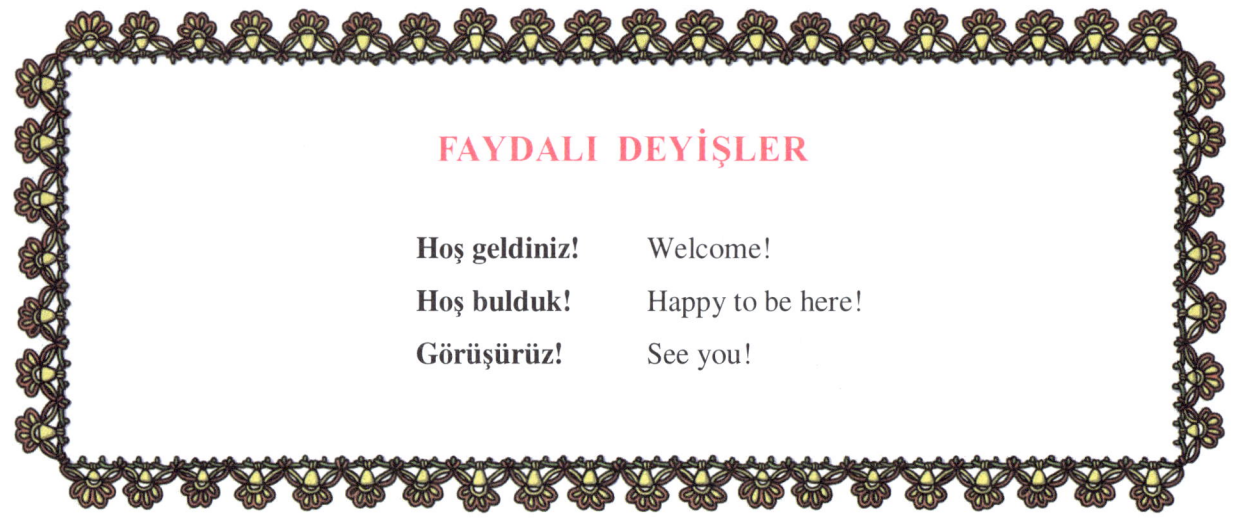

ALIŞTIRMALAR

A. *Add the appropriate question suffix. (mı, mi, mu, mü)*

1. Bu elma _____? **2.** Bu yumurta _____? **3.** Bu Veysel Bey _____? **4.** Bu Ayşe Hanım _____?
5. Bu otobüs _____? **6.** Bu kitap _____? **7.** Bu sandalye _____? **8.** Bu çay _____?

B. *Complete the questions with 'kim' or 'ne'.*
1. Bu _____ ?   Bu gömlek.
2. Bu _____ ?   O Ayşe Hanım.
3. Onlar _____ ?   Onlar Ahmet, Mehmet ve Mustafa.
4. Bunlar _____ ?   Bunlar gazete.
5. Bu _____ ?   Bu öğretmen.

C. *Please answer the following questions.*

1. Bu sandalye mi?   Evet, _____
2. Bu televizyon mu?   Evet, _____
3. Bunlar gül mü?   Hayır, _____
4. Onlar Türk mü?   Evet, _____
5. O öğrenci mi?   Hayır, _____

Ç. *Please circle the incorrect sentence.*

1. Bu pantolon mı?   **2.** Bu gömlek mi?   **3.** Bu kravat mı?   **4.** Bu ceket mi?

D. *Answer the following questions.*

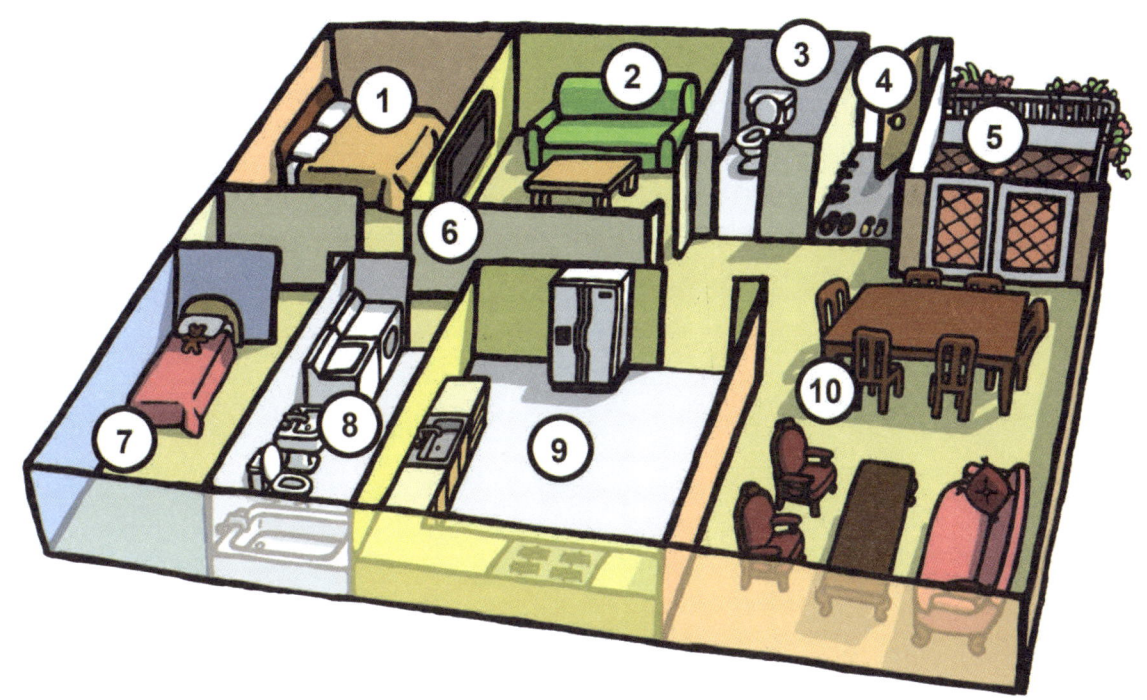

1.	Burası yatak odası mı?	**Evet**, **burası yatak odası**.
2.	Şurası oturma odası mı?	Evet, _____
3.	Orası antre mi?	Hayır, _____
4.	Burası koridor mu?	Hayır, _____
5.	Burası salon mu?	Hayır, _____
6.	Orası koridor mu?	Evet, _____
7.	Burası çocuk odası mı?	Evet, _____
8.	Burası banyo mu?	Evet, _____
9.	Orası mutfak mı?	Evet, _____
10.	Orası oturma odası mı?	Hayır, _____

E. *Ask the corresponding questions.*

1.	_____ ?	Hayır, bu bir kitap değil.
2.	_____ ?	Evet, Mustafa terzi.
3.	_____ ?	Hayır, bu çay değil.
4.	_____ ?	Evet, bu kamera.
5.	_____ ?	Hayır, David Türk değil.

ÜNİTE 3

BULUNMA HAL EKLERİ (Locative Suffixes)
NEREDE? (-de, -da, -te, -ta) Where is ...? (in, on, at)

Turkish uses locative case suffixes to express location in both space and time. The suffixes are *-de*, *-da*, *-te* and *-ta*. They can be translated as the prepositions 'at,' 'in' and 'on.' The suffixes follow the rules of first vowel harmony. The rule is to use *-de* or *-da* unless the preceding letter is an unvoiced consonant (*f, s, t, k, ç, ş, h* or *p*), in which case one adds *-te* or *-ta*.

a			arab**a**da	e			**e**vde
ı	}	-da	kap**ı**da	i	}	-de	İzm**i**r'**de**[4]
o			y**o**lda	ö			g**ö**lde
u			kut**u**da	ü			köpr**ü**de

SINIF ÇALIŞMASI

1. Gazete nerede?   Gazete masa____.
2. Ankara nerede?   Ankara Türkiye'____.
3. Taksim nerede?   Taksim İstanbul'____.
4. Mustafa nerede? Mustafa okul____.
5. Kalemler nerede? Kalemler çanta____.
6. Masa nerede?   Masa oda____.
7. Çanta nerede?   Çanta yer____ .

- *Araba nerede?*
- *Araba garajda.*

SESSİZ BENZEŞMESİ (Consonant Harmony)

f s t k ç ş h p ➡ -ta, -te

sını**f**ta, hesa**p**ta, mutfa**k**ta, soka**k**ta, ma**ç**ta, Beşikta**ş**'ta, New Yor**k**'ta

1. Bardaklar nerede? Bardaklar dolap____.
2. Pantolon nerede?   Pantolon gardırop____.
3. Ekmek nerede?   Ekmek poşet____.
4. Yemek nerede?   Yemek tabak____.
5. Para nerede?   Para cep____.
6. Elma nerede?   Elma ağaç____.
7. Ayasofya nerede?   Ayasofya Sultanahmet'____.

- *Çaydanlık nerede?*
- *Çaydanlık ocakta.*

---

[4] Most suffixes are preceded by an apostrophe when added to a proper noun or foreign word.

VAR × YOK *(There is vs. There is not)*

Odada ne var? **Odada ne yok?**

Odada_____

_____

_____var.

Odada_____

_____

_____ yok.

KİMDE? (Who has ...?)

Locative case endings (-de, -da, -te, -ta) also carry possessive meaning.

Bende[5]
Sende
Onda
Bizde
Sizde
Onlarda

Kitap kimde?   Top kimde?   Çanta kimde?
Kitap Atilla'___.   Top Hafsa'____.   Çanta Levent'___.

BURADA, ŞURADA, ORADA (Here and There)

Burada means 'here.' *Şurada* means 'there' but refers to a location fairly close by. *Orada* is also translated as 'there' but refers to a distant location.

Kitap burada.   *Kitap şurada.*   *Kitap orada.*

---

[5] *Ben, sen, o, biz, siz* and *onlar* are the pronouns in Turkish. Note that the connection letter *n* has been placed as a buffer between the third person singular *o* and the locative case *-da*.

GRUP ÇALIŞMASI

1. Dolapta tabak var mı?

   Evet, _____.

2. Masada kitap var mı?

   Hayır, _____.

3. Cüzdanda kart var mı?

   Evet, _____.

4. Koltukta yastık var mı?

   Evet, _____.

5. Pencerede perde var mı?

   Evet, _____.

6. Çocukta şeker var mı?

   Evet, _____.

7. Vazoda çiçek var mı?

   Evet, _____

8. Izgarada tavuk var mı?

   Hayır, _____.

SIFATLAR (Adjectives)

SIFAT TAMLAMASI (Adjective Clause)

In Turkish, the adjectives precede the nouns they modify.

BİR (a or an)

The indefinite article 'a' is the same as the word for 'one': *bir*. It is inserted between the adjective and the noun it modifies.

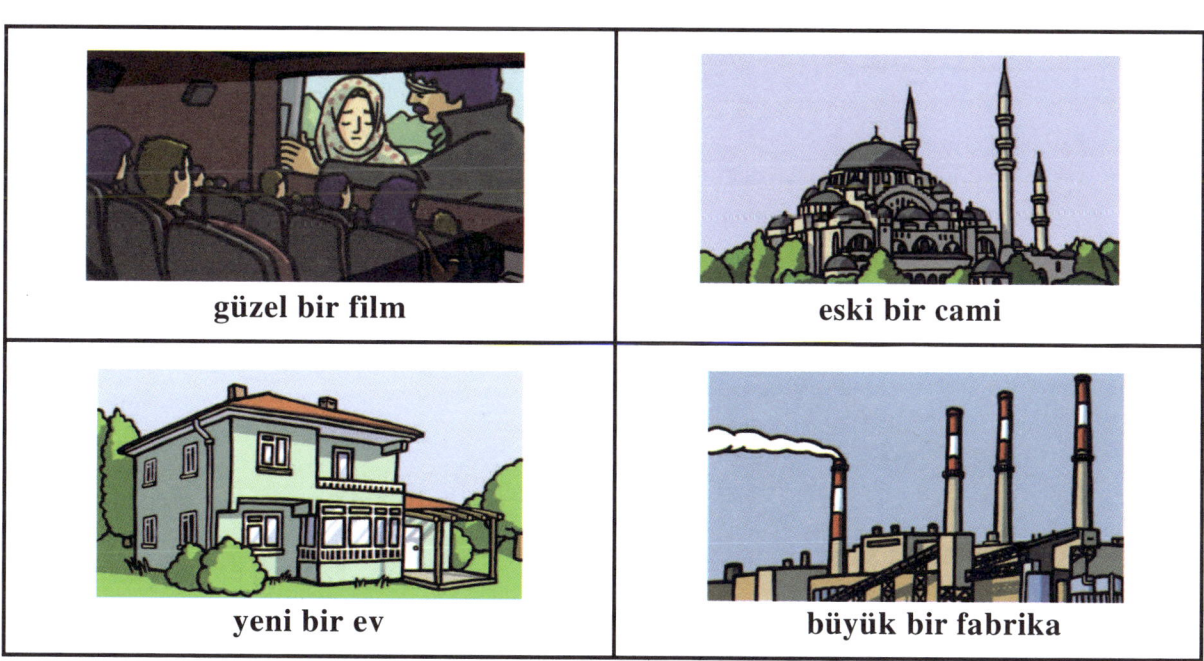

DİYALOG - YOLDA

Turist:	Affedersiniz, yakında bir otel var mı?
Bayan:	Evet var.
Turist:	Nerede?
Bayan:	Köşede küçük bir pansiyon var.
Turist:	Teşekkürler.
Bayan:	Rica ederim. İyi günler.

KELİMELER

yakında	nearby
köşe	corner
pansiyon	guest house

1. Yakında bir pansiyon var mı?

   _____

2. Pansiyon nerede?

   _____

3. Yakında bir market var mı?

   _____

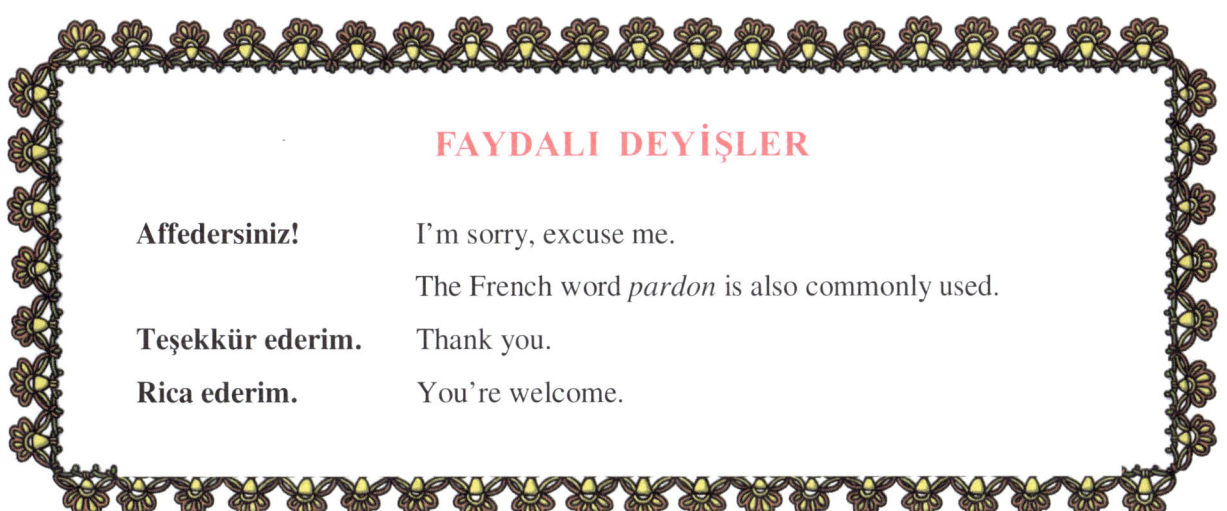

FAYDALI DEYİŞLER

Affedersiniz!	I'm sorry, excuse me.
	The French word *pardon* is also commonly used.
Teşekkür ederim.	Thank you.
Rica ederim.	You're welcome.

ALIŞTIRMALAR

A. *Answer the following questions.*

Efes'te antik tiyatro var mı?
Evet, Efes'te antik tiyatro var.

1. Hindistan'da kanguru var mı?
   _____

2. Amerika'da deve var mı?
   _____

3. İstanbul'da eski camiler var mı?
   _____

4. Afrika'da aslan var mı?
   _____

5. Kahvede kafein var mı?
   _____

6. Limonda vitamin var mı?
   _____

7. Hesapta para var mı?
   _____

8. Sınıfta televizyon var mı?
   _____

9. Mutfakta buzdolabı var mı?
   _____

B. *Ask the corresponding questions.*

1. _____ ? Evet, tabakta zeytin var.
2. _____ ? Evet, hesapta para var.
3. _____ ? Hayır, sınıfta televizyon yok
4. _____ ? Evet, kitapta fotoğraflar var.
5. _____ ? Hayır, Amerika'da kanguru yok.

C. *Add locative case endings to the following (-de, -da, -te, -ta).*

1. ben____   2. biz____   3. o____   4. cüzdan____   5. masa____
6. vapur____   7. dolap____   8. gazete____   9. İstanbul'____   10. Amerika'____
11. tabak____   12. uçak____   13. bilgisayar____   14. televizyon____   15. Mehmet'____

Ç. *Use the adjectives to describe nouns.*

büyük **bir ev**

1. küçük _____ _____
2. eski _____ _____
3. yeni _____ _____
4. ucuz _____ _____
5. pahalı _____ _____
6. şişman _____ _____
7. zayıf _____ _____
8. zor _____ _____
9. kolay _____ _____
10. uzun _____ _____
11. kısa _____ _____
12. sıcak _____ _____
13. soğuk _____ _____
14. iyi _____ _____

D. *Translate the following into English.*

1. ağaçta _____
2. Los Angeles'ta _____
3. bende _____
4. durakta _____
5. kimde _____
6. evde _____
7. dolapta _____
8. Kaan'da _____
9. masada _____
10. arabada _____

E. *Make a list of items that you do and don't have in your house.*

Evde _____
_____ var;
_____
_____ yok.

KÜLTÜREL NOTLAR

Bey and *Hanım*
The words *bey* (mister) or *hanım* (miss or missus) are commonly added after the first name when addressing people in a polite manner. For example, a man named Mustafa would be addressed as *Mustafa Bey* and a woman named Ayşe, *Ayşe Hanım*. Familial titles are often used in a similar way to express respect and affection at the same time. These can be used even when the person is not a relative. For instance, *amca* (paternal uncle) and *teyze* (maternal aunt) are used when addressing those of an older generation. For somebody of the same generation *abi* (elder brother) and *abla* (elder sister) are used. These titles are also added after the first name, as in *Mustafa Amca* or *Ayşe Abla*.

Greetings
Friends and relatives normally greet each other with kisses on both cheeks. To express great respect towards an elder, a younger person kisses the elder's right hand then touches the hand to his or her own forehead.

Turkish Hospitality
Turks are proud of their legacy of hospitality. The principle is that wherever a visitor is from, whatever language he speaks, and whatever religion he belongs to, he is always a *Tanrı misafiri*, meaning 'God's guest.' Therefore a host must do all he can to make his visitor feel welcome.

Gift Giving
When visiting a Turkish home, it is customary to bring a small gift such as flowers, sweets, fruit or drinks. Often the gifts are not handed directly to the host but discreetly placed in a hallway or on a table where the host will eventually find it. The host will not necessarily open the gift in front of the guests. In Turkey, people will often share food with their friends and neighbors. When returning a plate after receiving food, it is polite to fill the plate with food of one's own.

ÜNİTE 4

BİZİM MAHALLE

1. Burası neresi? _____
2. Burası Los Angeles mı? _____
3. Mahallede bakkal var mı? _____
4. Beyaz köpek nerede? _____
5. Çatıda kedi var mı? _____
6. Resimde polis var mı? _____
7. Resimde otobüs var mı? _____
8. Sokak temiz mi? _____
9. Bakkal açık mı? _____
10. Pencerede kim var? _____
11. Yolda neler var? _____
12. Hava nasıl? _____

GRUP ÇALIŞMASI

1. Sultanahmet nerede? _____
2. İstanbul nerede? _____
3. Empire State Building nerede? _____
4. Tac Mahal nerede? _____
5. Hollywood nerede? _____
6. Kalemler nerede? _____
7. Arabalar nerede? _____
8. Eyfel Kulesi nerede? _____
9. Televizyon nerede? _____
10. Balık nerede? _____

a. Salonda.
b. İstanbul'da.
c. Masada.
ç. Tabakta.
d. Kaliforniya'da.
e. Türkiye'de.
f. Paris'te.
g. New York'ta.
ğ. Hindistan'da.
h. Otoparkta.

SINIF ÇALIŞMASI

1. İstanbul güzel mi? Evet, _____
2. Bu masa küçük mü? Evet, _____
3. Kapı açık mı? Evet, _____
4. Ahmet yorgun mu? Hayır, _____
5. Bu ev büyük mü? Hayır, _____
6. Otel temiz mi? Evet, _____
7. Bu kitap iyi mi? Evet, _____
8. Antalya uzak mı? Evet, _____
9. Türkiye pahalı mı? Hayır, _____
10. Selim Bey hasta mı? Evet, _____
11. Telefonlar kapalı mı? Evet, _____
12. İzmir sıcak mı? Evet, _____
13. Matematik kolay mı? Hayır, _____
14. Ödev çok mu? Hayır, _____
15. Araba hızlı mı? Evet, _____

.... mı, ... mi? *(.... or....?)*

GRUP ÇALIŞMASI

1. Limon ekşi mi, tatlı mı?
   Limon _____.

5. Bu araba hızlı mı, yavaş mı?
   Bu araba _____.

2. Bu ayakkabı yeni mi, eski mi?
   Bu ayakkabı _____.

6. Bu çorba sıcak mı, soğuk mu?
   Çorba _____.

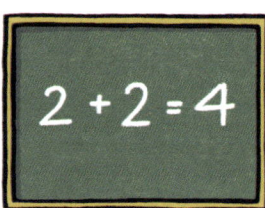

3. Bu doğru mu, yanlış mı?
   Bu _____.

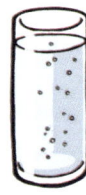

7. Bu bardak boş mu, dolu mu?
   Bardak _____.

4. Kutu açık mı, kapalı mı?
   Kutu _____.

8. Bu tişört pahalı mı, ucuz mu?
   Bu tişört _____.

.... değil mi? (*Isn't it?*)

The question tags that are used in English – 'isn't it?,' 'aren't you?,' 'aren't they?,' 'can't we?,' 'weren't they?,' 'didn't they?' etc. – are all translated by the single tag '*değil mi?*' for all persons and tenses.

- O (bir) doktor, **değil mi**?
- Evet, o (bir) doktor.

- Bu (bir) ceket, **değil mi**?
- Hayır, bu (bir) ceket değil, bu bir mont.

GRUP ÇALIŞMASI

- Burası sınıf, _____ _____?
- Evet, _____ _____.

- Bunlar kedi, _____ _____?
- Hayır, _____ _____ _____.

- Çorba sıcak, _____ _____?
- Evet, _____ _____.

- Vazoda _____ ___, _____ ___?
- Evet, _____ _____ ____.

MASTAR EKLERİ (-mek, -mak) *(Infinitive Suffixes)*

a, ı, o, u	-mak	anlamak, kızmak, koşmak, durmak	e, i, ö, ü	-mek	istemek, girmek, görmek, düşünmek

SINIF ÇALIŞMASI

yemek   iç____   oku____

yaz____   konuş____   dinle____

SINIF ÇALIŞMASI

Ben Türkçe konuş**mak** istiyorum.[6]

1. (Ben) gazete oku_____ istiyorum.
2. (Ben) kebap ye_____ istiyorum.
3. (Ben) su iç_____ istiyorum.
4. (Ben) e-posta yaz_____ istiyorum.
5. (Ben) radyo dinle_____ istiyorum.

---

[6] *İstiyorum* means 'I want' or 'I would like to.'

NERESİ *vs* NEREDE *and* BURASI *vs* BURADA

In English, *neresi* and *nerede* are both translated as 'where' and *burası* and *burada* are both translated as 'here.' It can be confusing for the student to figure out which of the two should be used. The *-de* suffix in *nerede* and *burada* indicates the location of the subject of the sentence, whereas *neresi* and *burası* are used to indicate the actual location.

"Burası neresi?" "Burası İzmir."

"Zeynep nere**de**?" "Zeynep İzmir'**de**."

"Burası neresi?" "Burası sınıf."

"Çocuklar nere**de**?" "Çocuklar sınıf**ta**."

"Burası neresi?" "Burası park."

"Onlar nere**de**?" "Onlar park**ta**."

"Burası neresi?" "Burası plaj."

"Şemsiye nere**de**?" "Şemsiye plaj**da**."

DİYALOG - PANSİYONDA

Resepsiyonist: Hoş geldiniz efendim.

Turist: Hoş bulduk. Bu pansiyonda kalmak istiyorum. Boş oda var mı?

Resepsiyonist: Evet efendim, var.

Turist: Kahvaltı var, değil mi?

Resepsiyonist: Var efendim.

Turist: İnternet var mı?

Resepsiyonist: Maalesef, burada internet yok ama bu sokakta bir internet kafe var.

Turist: Uzak mı, yakın mı?

Resepsiyonist: Çok yakın efendim.

Turist: Tamam, teşekkür ederim.

1. Pansiyonda boş oda var mı?

2. Pansiyonda kahvaltı var mı?

3. Pansiyonda internet var mı?

4. Nerede internet var?

5. İnternet kafe yakın mı?

KELİMELER

kahvaltı	breakfast
sokak	street
kalmak	stay

ALIŞTIRMALAR

A. *Translate the following sentences into Turkish.*

1. Is this ticket expensive or cheap?
2. Is that hotel clean or dirty?
3. Is the cat fat or thin?
4. Are the books new or old?
5. Is the food hot or not?
6. Is the room empty or not?
7. Is there a bus or not?
8. Is he a tourist or not?
9. Is Mehmet ill or well?
10. Are the children at home or at school?

B. *Translate the following sentences into English.*

1. Odada bir kedi var.
2. Odada televizyon var mı?
3. Bende para yok.
4. Anahtar, Ayşe'de.
5. Piramitler, Mısır'da.
6. Kapalıçarşı, İstanbul'da.
7. Bardak, ne demek?
8. O, öğretmen değil. O doktor.
9. Banyo nerede?
10. Alo! Serap orada mı?

C. *Listen to the dialogue and answer the following questions.*

DİYALOG - GÜZEL BİR KİTAP VAR MI?

Can: Merhaba Canan. Nasılsın?
Canan: İyiyim, sen nasılsın?
Can: Ben de iyiyim, sağ ol. Güzel bir kitap okumak istiyorum. Sende güzel bir kitap var mı?
Canan: Bende yok ama Serkan'da güzel bir kitap var.
Can: Serkan nerede?
Canan: Maalesef, Serkan şimdi burada değil.
Can: Nerede?
Canan: Tatilde.
Can: Bu kitap, güzel mi gerçekten?
Canan: Evet, çok güzel!
Can: Ben de okumak istiyorum.
Canan: Tamam.

1. Can nasıl?

2. Canan'da güzel kitap var mı?

3. Serkan'da güzel kitap var mı?

4. Serkan nerede?

5. Kitap güzel mi?

ÜNİTE 5

TEKRAR

Ask the corresponding questions to the following answers.

1. _____ ?
   Evet, limonda vitamin var.
2. _____ ?
   Evet, kahvede kafein var.
3. _____ ?
   Hayır, sinemada iyi film yok.
4. _____ ?
   Evet, telefonda internet var.
5. _____ ?
   Hayır, evde televizyon yok.
6. _____ ?
   Evet, Afrika'da aslan var.
7. _____ ?
   Hayır, Türkçe zor değil.
8. _____ ?
   Hayır, hava soğuk değil.
9. _____ ?
   Evet, burası sınıf.
10. _____ ?
    Kitaplar evde.
11. _____ ?
    Bu kalem.
12. _____ ?
    Burası Amerika.
13. _____ ?
    İyiyim.
14. _____ ?
    O Mustafa.
15. _____ ?
    Adım Emre.

ŞİMDİKİ ZAMAN OLUMLU (-yor, -ıyor, -iyor, -uyor, -üyor)
(Present Progressive Tense, Positive)

A positive verb in the present progressive tense is assembled as follows:

verb stem + (ı, i, u, ü) + -yor + personal ending

The present progressive tense in Turkish corresponds roughly to the present progressive tense in English. The primary accent falls on the syllable immediately preceding the -(i)yor suffix: *geliyor, yapıyor, biliyor*.

a, ı → ı	yapıyorum, kızıyorum		e, i → i	geliyorum, biliyorum
o, u → u	koşuyorum, oturuyorum		ö, ü → ü	görüyorum, gülüyorum

SINIF ÇALIŞMASI

*gel*mek
- Ben gel-**i**yor-um.[7]
- Sen gel-**i**yor-sun.
- O gel-**i**yor.
- Biz gel-**i**yor-uz.
- Siz gel-**i**yor-sunuz.
- Onlar gel-**i**yor-lar.

*yap*mak
- Ben yap-**ı**yor-um.
- Sen yap_____
- O yap_____
- Biz yap_____
- Siz yap_____
- Onlar yap_____

*koş*mak
- Ben koş-**u**yor-um.
- Sen koş_____
- O koş_____
- Biz koş_____
- Siz koş_____
- Onlar koş_____

*gül*mek
- Ben gül-**ü**yor-um.
- Sen gül_____
- O gül_____
- Biz gül_____
- Siz gül_____
- Onlar gül_____

*sil*mek
- Ben sil_____
- Sen sil_____
- O sil_____
- Biz sil_____
- Siz sil_____
- Onlar sil_____

*al*mak
- Ben al_____
- Sen al_____
- O al_____
- Biz al_____
- Siz al_____
- Onlar al_____

*sor*mak
- Ben sor_____
- Sen sor_____
- O sor_____
- Biz sor_____
- Siz sor_____
- Onlar sor_____

*gör*mek
- Ben gör_____
- Sen gör_____
- O gör_____
- Biz gör_____
- Siz gör_____
- Onlar gör_____

---

[7] The Turkish pronouns are *ben, sen, o, biz, siz* and *onlar*. It is not necessary to use pronouns in sentences however, as personal suffixs (*-im, -sin, -, -iz, -siniz, -ler*) already denote the subject. Pronouns are generally used to express emphasis or contrast.

SON SESLİSİ DEĞİŞENLER
(Verbs Ending with A or E Vowels)

If the verb stem ends with the vowels *a* or *e*, then this vowel is converted to *ı*, *i*, *u*, or *ü* according to the rules of four-vowel harmony.

a	→	ı	anlamak →	a*nlı*yorum
a	→	u	oynamak →	*o*yn*u*yorum
e	→	i	dinlemek →	d*i*nliyorum
e	→	ü	özlemek →	*ö*zl*ü*yorum

SINIF ÇALIŞMASI

*anla*mak
Ben anlı-yor-um.
Sen anlıyorsun.
O anlıyor.
Biz anlıyoruz.
Siz anlıyorsunuz.
Onlar anlıyorlar.

*oyna*mak
Ben _____
Sen _____
O _____
Biz _____
Siz _____
Onlar _____

*dinle*mek
Ben _____
Sen _____
O _____
Biz _____
Siz _____
Onlar _____

*yıka*mak
Ben _____
Sen _____
O _____
Biz _____
Siz _____
Onlar _____

*bekle*mek
Ben _____
Sen _____
O _____
Biz _____
Siz _____
Onlar _____

*söyle*mek
Ben _____
Sen _____
O _____
Biz _____
Sız _____
Onlar _____

*başla*mak
Ben _____
Sen _____
O _____
Biz _____
Siz _____
Onlar _____

*ye*mek
Ben _____
Sen _____
O _____
Biz _____
Siz _____
Onlar _____

*iste*mek
Ben _____
Sen _____
O _____
Biz _____
Siz _____
Onlar _____

SON SESLİSİ UYUMLU OLANLAR
(Verbs Ending with I, U or Ü vowels)

If the verb stem ends with the vowels ı, u or ü, the vowel remains the same.

ı	⟹	ı	taşımak ⟶ taşıyorum
u	⟹	u	okumak ⟶ okuyorum
ü	⟹	ü	üşümek ⟶ üşüyorum

SINIF ÇALIŞMASI

*taşı*mak		*oku*mak		*üşü*mek		*uyu*mak	
Ben	taşı-yor-um.	Ben	_____	Ben	_____	Ben	_____
Sen	_____	Sen	_____	Sen	_____	Sen	_____
O	_____	O	_____	O	_____	O	_____
Biz	_____	Biz	_____	Biz	_____	Biz	_____
Siz	_____	Siz	_____	Siz	_____	Siz	_____
Onlar	_____	Onlar	_____	Onlar	_____	Onlar	_____

SONU 'T' İLE BİTEN BAZI FİİLLERİN OLUMLU ÇEKİMLERİ
(T-D Changes in Positive Verb Conjugation)

Occasionally when the last letter of the stem of a verb is *t*, it changes into a *d* before the present progressive suffix is added. For example, *etmek* (to do) becomes *ediyor*, *gitmek* (to go) becomes *gidiyor*, and *tatmak* (to taste) becomes *tadıyor*. Most stems that end in *t*, however, do not change. For example, *atmak* (to throw) becomes *atıyor*, *tutmak* (to hold) becomes *tutuyor*, *yatmak* (to lie down) becomes *yatıyor*.

SINIF ÇALIŞMASI

*teşekkür et*mek		*git*mek		*seyret*mek[8]		*tat*mak	
Ben	teşekkür ediyorum.	Ben	_____	Ben	_____	Ben	_____
Sen	teşekkür _____	Sen	_____	Sen	_____	Sen	_____
O	teşekkür _____	O	_____	O	_____	O	_____
Biz	teşekkür _____	Biz	_____	Biz	_____	Biz	_____
Siz	teşekkür _____	Siz	_____	Siz	_____	Siz	_____
Onlar	teşekkür _____	Onlar	_____	Onlar	_____	Onlar	_____

---

[8] The verb *seyretmek* comes from *seyir etmek*.

ŞİMDİKİ ZAMAN OLUMSUZ (-mı, -mi, -mu, -mü)
(Present Progressive Tense, Negative)

A negative verb in the present progressive tense is assembled as follows:

verb stem + negative suffixes (-ma or -me) + -yor + personal ending

Note that before the *-yor* suffix, the vowel in the negative suffix (*a* or *e*) becomes ı, i, u, or ü according to the rules of four-vowel harmony. There is no change in the verb stem. The primary accent falls on the syllable immediately preceding the negative suffix: *gelmiyor, yapmıyor, bilmiyor.*

a, ı → ı	anl*a***mı**yorum / kı*z***mı**yorum	
o, u → u	ko*ş***mu**yorum / uy*u***mu**yorum	
e, i → i	gi*t***mi**yorum / bi*l***mi**yorum	
ö, ü → ü	gö*r***mü**yorum / gü*l***mü**yorum	

SINIF ÇALIŞMASI

*yap*mak		*bil*mek		*koş*mak		*gül*mek	
Ben	yap-**mı**-yor-um.	Ben	bil____	Ben	koş____	Ben	gül____
Sen	yapmıyorsun.	Sen	bil____	Sen	koş____	Sen	gül____
O	yapmıyor.	O	bil____	O	koş____	O	gül____
Biz	yapmıyoruz.	Biz	bil____	Biz	koş____	Biz	gül____
Siz	yapmıyorsunuz.	Siz	bil____	Siz	koş____	Siz	gül____
Onlar	yapmıyorlar.	Onlar	bil____	Onlar	koş____	Onlar	gül____

*anla*mak		*bekle*mek		*uyu*mak		*git*mek	
Ben	anla____	Ben	bekle____	Ben	uyu____	Ben	git____
Sen	anla____	Sen	bekle____	Sen	uyu____	Sen	git____
O	anla____	O	bekle____	O	uyu____	O	git____
Biz	anla____	Biz	bekle____	Biz	uyu____	Biz	git____
Siz	anla____	Siz	bekle____	Siz	uyu____	Siz	git____
Onlar	anla____	Onlar	bekle____	Onlar	uyu____	Onlar	git____

-yor EKİNİN GÖREVLERİ *(The Functions of the -yor Suffix)*

The use of the present progressive tense in Turkish corresponds roughly to the present progressive tense in English. For example, '*Mehmet geliyor.*' means 'Mehmet is coming.' It indicates that the subject is performing an action at the moment. As in English, it can also indicate that the subject will perform an action in the near future, as in 'Mehmet is coming tomorrow.' In Turkish, unlike in English, it is often used instead of the simple present tense to express a habitual or repeated action, as in 'Mehmet comes.'

1. Ben **şimdi** Türkçe çalış _____ .
2. Ben **her gün** Türkçe çalış _____ .
3. Ben **yarın** Türkçe çalış _____ .

1. Biz **şimdi** futbol oyna _____ .
2. Biz **her hafta** futbol oyna _____ .
3. Biz **yarın** futbol oyna _____ .

TÜRKÇE'DE OLUMSUZLUK *(Negation)*

There are three types of negation in Turkish:

*Bu limon **değil**.*

Nonverbal sentences using the negation word *değil* (is/are not).

*Masada limon **yok**.*

Nonverbal sentences indicating an absence using the word *yok* (there is/are no). This is a negation of the existential predicate *var*.

*Ben limon ye**mi**yorum.*

Verbal sentences are negated by the negation suffixes (*-ma*, *-me*) which are inserted between the verb stem and the tense or mood ending.

DİYALOG - NE YAPIYORSUN?

Selim:	Selam Murat, naber?
Murat:	İyilik, sen nasılsın?
Selim:	Şöyle böyle... Ne yapıyorsun?
Murat:	Ders çalışıyorum, sen ne yapıyorsun?
Selim:	Ben evde yemek yapıyorum, müzik dinliyorum. Akşam misafirler geliyor. Bu akşam ne yapıyorsun?
Murat:	Bilmiyorum. Bir plan yok!
Selim:	Haydi, sen de gel!
Murat:	Gerçekten mi?
Selim:	Evet, gerçekten!
Murat:	Tamam, ben de geliyorum. Teşekkürler.
Selim:	Akşam görüşürüz.
Murat:	Görüşürüz.

1. Selim nasıl?
_____

2. Murat ne yapıyor?
_____

3. Kim yemek yapıyor?
_____

4. Selim müzik dinliyor mu?
_____

5. Akşam kim geliyor?
_____

KELİMELER

misafir   guest
haydi   come on

CÜMLE YAPISI *(Sentence Structure)*

The following chart demonstrates the typical word order of Turkish sentences.

Kim?	Ne zaman?	Nerede?	Ne yapmak?	istiyorsun?
Ben	şimdi	burada	çay içmek	istiyorum.
	yarın	lokantada	yemek yemek	
	her gün	merkezde	Türkçe konuşmak	
	bugün	evde	kitap okumak	
	her yıl	İzmir'de	tatil yapmak	
	her sabah	parkta	spor yapmak	
	bu akşam	radyoda	müzik dinlemek	
	her akşam	evde	TV seyretmek	

FAYDALI DEYİŞLER

Naber?	What's up? This is a colloquial expression, a contraction of *Ne haber?*
İyilik.	This is a standard answer to *Naber?* or *Ne var ne yok?* literally meaning 'goodness.'
Şöyle böyle.	So so. Fair.
Şimdi geliyorum.	I'm coming now. I'll be right back.

ALIŞTIRMALAR

A. *Add the correct personal pronouns.*

1. (_____) her gün evde oturuyor.
2. (_____) yarın gidiyoruz.
3. (_____) şimdi ders çalışıyorum.

B. *Please provide the correct personal endings.*

1. Siz nerede oturuyor_____?
2. Onlar ne içiyor_____?
3. Biz Türkçe öğreniyor_____.

C. *Make lists of things you do and things you don't do using the present progressive tense.*

_____
_____
_____
_____

Ç. *Conjugate the following verbs into the negative forms of the present progressive tense to match the indicated pronouns.*

1. teşekkür et- (onlar) _____
2. bil- (siz) _____
3. söyle- (ben) _____
4. iste- (o) _____

D. *Please conjugate the following verbs with the present progressive tense positive suffix.*

	yemek	içmek	konuşmak	gitmek
Ben	yiyorum			
Sen		içiyorsun		
O			konuşuyor	
Biz				gidiyoruz
Siz				
Onlar				

E. *Describe what is happening.*

1. ___
2. ___
3. ___
4. ___
5. ___
6. ___
7. ___
8. ___
9. ___
10. ___
11. ___

F. Add the present progressive tense suffix.

1. Ben şimdi dinlen _____
2. Sen şimdi gazete oku _____
3. O şimdi mektup yaz _____
4. Biz şimdi ders çalış _____
5. Siz şimdi havuzda yüz _____
6. Onlar şimdi tenis oyna _____
7. Ben her gün televizyon seyret _____
8. Sen her sabah kahvaltıda çay iç _____
9. O her yıl tatilde bu otelde kal _____
10. Biz her ay tiyatroya git _____
11. Film bit _____
12. Onlar her sabah spor yap _____
13. Ben genellikle her sabah kahve iç _____
14. Sen sık sık sinemaya git _____
15. O bazen yalan söyle _____
16. Biz genellikle hafta sonunda evde kal _____
17. Siz her sabah bu kafeteryada kahvaltı yap _____
18. Onlar genellikle burada piknik yap _____
19. Ben yarın tatile çık _____
20. O gelecek ay evlen _____

G. Conjugate the following verbs with the present progressive tense negative suffix.

	kızmak	gitmek	sormak	üşümek
Ben	kızmıyorum			
Sen		gitmiyorsun		
O			sormuyor	
Biz				üşümüyoruz
Siz				
Onlar				

ÜNİTE 6
MİNİ TEST

1. *Conjugate the verb 'istemek' in the present progressive tense positive form.*

Ben _____   Sen _____
O _____   Biz _____
Siz _____   Onlar _____

2. *Conjugate the verb 'bilmek' in the present progressive tense negative form.*

Ben _____   Sen _____
O _____   Biz _____
Siz _____   Onlar _____

3. Bu kitapta resim var mı?
Evet, _____
Hayır, _____

4. Sınıfta televizyon var mı?
Evet, _____
Hayır, _____

5. 'This is a nice house.' ne demek?
_____

6. 'Uçak' ne demek?
'Uçak' _____ demek.

7. *Please write the opposite adjective.*
eski X _____
açık X _____
büyük X _____
kolay X _____
pahalı X _____

8. *Please add the plural suffix.*

gece _____, gün _____, akşam _____
yumurta _____, hastane _____, kedi _____
öğrenci _____, insan _____, aktör _____

9. *Translate the following verbs into Turkish.*
to drink _____   to eat _____
to take _____   to give _____
to read _____   to study _____
to wait _____   to go _____

10. *Add the locative suffix '-de, -da, -te, -ta.'*
sınıf _____, ev _____, telefon _____
hastane _____, yol _____, araba _____
İstanbul' ____, Amerika' ___, Ali' _____

11. *Write five objects that can be found in the classroom.*
_____
_____

12. Yemek lezzetli mi?
Evet, _____
Hayır, _____ _____

13. Nerede oturuyorsunuz?
Ben _____ _____

14. 'Hoş geldiniz.' ne demek?
'Hoş geldiniz.' _____ demek.

15. Adınız ne?
_____

16. *Please complete the questions.*
Adınız _____?
Nasıl _____?
Bu _____?
Burası _____?
Afrika'da aslan var _____?

17. *Please complete the questions by using 'mı, mi, mu, mü.'*
Bu doktor _____?
Bu kapı _____?
Bunlar öğrenci _____?
Bunlar üzüm _____?

ŞİMDİKİ ZAMAN SORU
(Present Progressive Tense, Interrogative)

- *Ne geliyor?*
- *Vapur geliyor.*

- *Ne satıyor?*
- *Balık satıyor.*

- *Otobüs **ne zaman** kalkıyor?*
- *Otobüs şimdi kalkıyor.*

- ***Nerede** bekliyorlar?*
- *Durakta bekliyorlar.*

GRUP ÇALIŞMASI

1. **Ne** içiyorsunuz?	Biz _____	(ayran)
2. **Ne** yapıyorsun?	Ben _____	(ödev)
3. **Ne** çalıyorsun?	Ben _____	(piyano)
4. **Kim** bilmiyor?	_____	(Sercan)
5. **Nerede** film seyrediyorsunuz?	Biz _____	(sinema)
6. **Nerede** oturuyorsun?	Ben _____	(Üsküdar)
7. **Nerede** bekliyorsun?	Ben _____	(istasyon)
8. **Nerede** Türkçe pratik yapıyorsunuz?	Biz _____	(ev)
9. **Ne zaman** tatil yapıyorsunuz?	Biz _____	(Ağustos)
10. **Niçin** Türkçe öğreniyorsunuz?	Çünkü ben _____	

EVET/HAYIR SORULARI *(Yes/No Questions)*

The interrogative particles *mı, mi, mu* and *mü* are used to form yes/no questions. They are always written separately from the verb, and for all pronouns except *onlar* the personal ending is added to the interrogative particle. For *onlar*, the personal ending is added to the verb.

Ben, Sen, O, Biz, Siz
verb stem + (ı, i, u, ü) + *-yor*   interrogative particle + personal ending

Onlar
verb stem + (ı, i, u, ü) + *-yor* + plural suffix (*-ler, lar*)   interrogative particle

- Çay istiyor **musun**?
- **Evet**, istiyorum. Teşekkürler.

- Bu yıl evleniyor **musun**?
- **Hayır**, evlenmiyorum.

SINIF ÇALIŞMASI

*bil*mek

Ben	biliyor muyum?
Sen	biliyor musun?
O	biliyor mu?
Biz	biliyor muyuz?
Siz	biliyor musunuz?
Onlar	biliyorlar mı?

*iste*mek

Ben	iste_____ _____?
Sen	iste_____ _____?
O	iste_____ _____?
Biz	iste_____ _____?
Siz	iste_____ _____?
Onlar	iste_____ _____?

*git*mek

Ben	git_____ _____?
Sen	git_____ _____?
O	git_____ _____?
Biz	git_____ _____?
Siz	git_____ _____?
Onlar	git_____ _____?

*ye*mek

Ben	ye_____ _____?
Sen	ye_____ _____?
O	ye_____ _____?
Biz	ye_____ _____?
Siz	ye_____ _____?
Onlar	ye_____ _____?

*üşü*mek

Ben	üşü_____ _____?
Sen	üşü_____ _____?
O	üşü_____ _____?
Biz	üşü_____ _____?
Siz	üşü_____ _____?
Onlar	üşü_____ _____?

*yap*mak

Ben	yap_____ _____?
Sen	yap_____ _____?
O	yap_____ _____?
Biz	yap_____ _____?
Siz	yap_____ _____?
Onlar	yap_____ _____?

GRUP ÇALIŞMASI

Sen istiyor musun?		Evet, (ben) istiyorum.
1. O _____	?	Hayır, (o) istemiyor.
2. Siz _____	?	Evet, (biz) biliyoruz.
4. Sen _____	?	Hayır, (ben) gitmiyorum.
5. O _____	?	Evet, (o) yürüyor.
6. Siz _____	?	Hayır, (biz) yemiyoruz.
7. O _____	?	Hayır, (o) içmiyor.
8. Onlar _____	?	Evet, (onlar) bekliyorlar.

SINIF ÇALIŞMASI

okumak, çalışmak, alışveriş yapmak, öğrenmek, oturmak, kahvaltı yapmak

1. (Biz) her sabah evde _____ .
2. (Ben) merkezde Türkçe _____ .
3. (Ben) internette gazete _____ .
4. (Ben) bir bankada _____ .
5. (Biz) Kadıköy'de güzel bir evde _____ .
6. (O) pazarda _____ .

OLUMSUZ SORU *(Negative Interrogatives)*[9]

bilmek

Ben	bil**mi**yor	muyum?
Sen	bil**mi**yor	musun?
O	bil**mi**yor	mu?
Biz	bil**mi**yor	muyuz?
Siz	bil**mi**yor	musunuz?
Onlar	bil**mi**yorlar mı ?	

istemek

Ben	iste_____	_____ ?
Sen	iste_____	_____ ?
O	iste_____	_____ ?
Biz	iste_____	_____ ?
Siz	iste_____	_____ ?
Onlar	iste_____	_____ ?

gitmek

Ben	git_____	_____ ?
Sen	git_____	_____ ?
O	git_____	_____ ?
Biz	git_____	_____ ?
Siz	git_____	_____ ?
Onlar	git_____	_____ ?

GRUP ÇALIŞMASI

Complete the sentences using negative interrogatives.

1. O et ye_____ _____ ?   Hayır, (o) _____ .
2. Sen üşü_____ _____ ?   Hayır, (ben) _____ .
3. Siz film seyret _____ _____ ?   Hayır, (biz) _____ .
4. Sen spor yap_____ _____ ?   Hayır, (ben) _____ .
5. O bekle_____ _____ ?   Hayır (o) _____ .

---

[9] Note that in Turkish the use of *evet* or *hayır* in answers to negative questions is different from English. For instance, possible answers to '*O gitmiyor mu?*' would be '*Evet, o gitmiyor.*' or '*Hayır, o gidiyor.*'

AYRILMA HAL EKLERİ (-den, -dan, -ten, -tan) *(The Ablative Case)*
NEREDEN? *(From where?)*

- *Nereden geliyorsun?*
- *Evden geliyorum.*

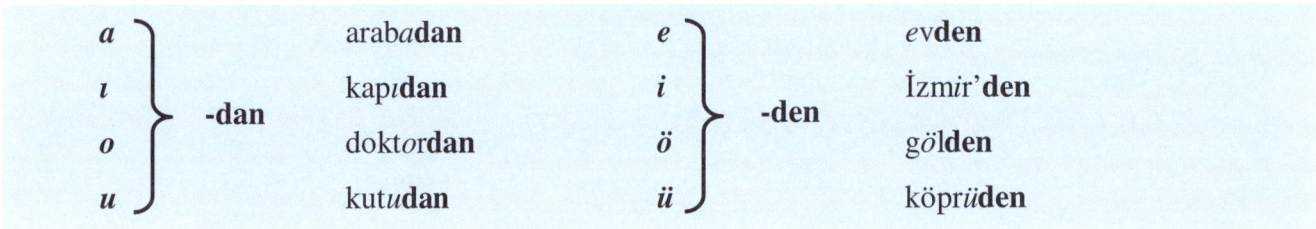

a		arab*a***dan**	e		*e*v**den**
ı	-**dan**	kap*ı***dan**	i	-**den**	İzm*i*r'**den**
o		dokt*o***dan**	ö		g*ö*l**den**
u		kut*u***dan**	ü		köpr*ü***den**

f s t k ç ş h p ➡ -**ten** / -**tan**
kur*s***tan**, i*ş***ten**, der*s***ten**, kita*p***tan**, köpe*k***ten**, yoğur*t***tan**

NEREDEN GELİYORSUN?

Ankara' _____ geliyorum.

Amerika' _____ geliyorum.

Türkiye' _____ geliyorum.

Plaj _____ geliyorum.

İş _____ geliyorum.

Ders _____ geliyorum.

Sinema _____ geliyorum.

Konferans _____ geliyorum.

KİMDEN?

Elif' _____

Arzu' _____

Zafer' _____

Necla' _____

Ahmet' _____

Michael'[10] _____

Kaan' _____

Ferhat' _____

Benden
Senden
Ondan
Bizden
Sizden
Onlardan

---

[10] Note the suffixes of the following foreign names: *Michael'dan, Nichole'dan, Steven'dan*: The choice of suffix -*den* or -*dan* depends on how the final syllable's vowel *is pronounced*, not how it is written.

YÖNELME HAL EKLERİ (-e, -a) *(Dative Case)*
NEREYE? *(Where to?)*

- *Nereye gidiyorsun?*
- *Eve gidiyorum.*

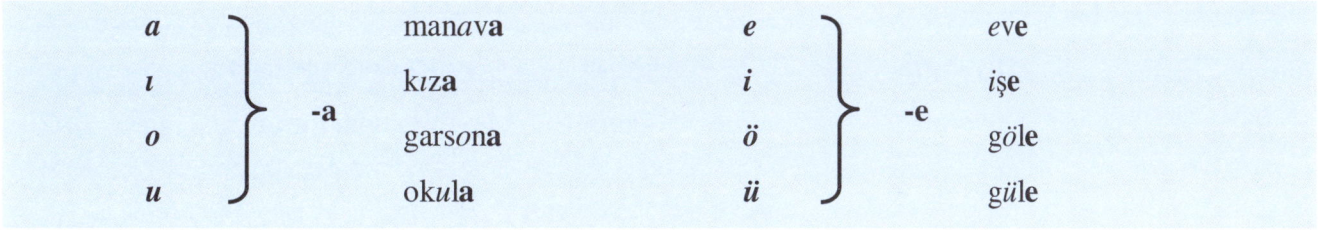

After nouns ending in a vowel, the buffer consonant *y* precedes the *-a, -e* suffix.

Türkiye'ye, Amerika'ya, metroya, arabaya, köprüye, Emre'ye, Sevgi'ye

NEREYE GİDİYORSUN?

Ankara' _____ gidiyorum.
Amerika' _____ gidiyorum.
Türkiye' _____ gidiyorum.
Plaj _____ gidiyorum.
İş _____ gidiyorum.
Ders _____ gidiyorum.
Sinema _____ gidiyorum.
Konferans _____ gidiyorum.

KİME?

Elif' _____
Arzu' _____
Zafer' _____
Necla' _____
Ahmet' _____
Michael' _____
Kaan' _____
Ferhat' _____

Bana
Sana
Ona
Bize
Size
Onlara

SERT SESSİZ YUMUŞAMASI KURALI
(The Rule for Softening Hard Consonants)

When a Turkish noun ends in a hard consonant – *p, ç, t* or *k* – preceded by a vowel, that consonant changes into its soft counterpart – *b, c, d* or *ğ* – when a suffix is added that begins with a vowel.

p ç t k + vowel ➡ b c d ğ

dola**p** → dola**b***a*,   ağa**ç** → ağa**c***a*,   köpe**k** → köpe**ğ***e*,   armu**t** → armu**d***a*

Hard consonants at the end of borrowed words are generally not softened between vowels.

kam**p**a, bisikle**t**e, pasapor**t**a, ma**ç**a, mille**t**e, marke**t**e, huku**k**a,
adale**t**e, ceke**t**e, par**k**a, aş**k**a

Hard consonants at the end of monosyllabic words of Turkish origin are generally not softened when they occur between two vowels.

to**p**a, çö**p**e, sa**ç**a, e**t**e, e**k**e, kö**k**e, ko**ç**a, su**ç**a

NEREYE GİDİYORSUN?

Kasap _____ gidiyorum.

Mutfak _____ gidiyorum.

Market _____ gidiyorum.

Maç _____ gidiyorum.

Konsolosluk_____ gidiyorum.

Durak _____ gidiyorum.

KİME GİDİYORSUN?

Ahmet' _____ gidiyorum.

Serap' _____ gidiyorum.

Mahmut' _____ gidiyorum.

Sait' _____ gidiyorum.

Sevinç' _____ gidiyorum.

Tarık' _____ gidiyorum.

SINIF ÇALIŞMASI

Ev**den**   market**e**

1. İş_____ ev_____
2. Ev_____ iş_____
3. Ben_____ sen_____
4. Sen_____ ben_____
5. Biz_____ siz_____
6. Onlar_____ biz_____
7. Sen_____ o_____
8. Kadıköy'_____ Ortaköy'_____
9. Bura_____ ora_____
10. Ora_____ bura_____
11. Avrupa'_____ Asya'_____
12. Edirne'_____ Kars'_____

SINIF ÇALIŞMASI

NEREDEN? NEREYE?

Amerika'dan Meksika'ya

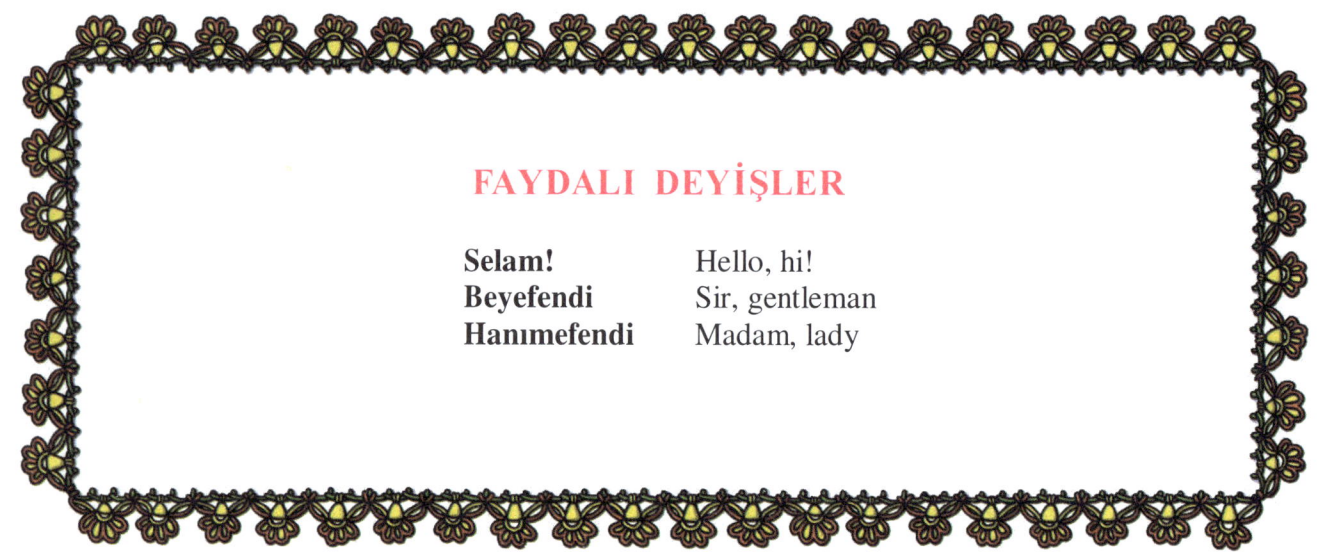

FAYDALI DEYİŞLER

Selam!	Hello, hi!
Beyefendi	Sir, gentleman
Hanımefendi	Madam, lady

ALIŞTIRMALAR

A. Complete the questions and answer them.

1. (Ben) güzel Türkçe konuş _____ _____ ? Evet, (sen) _____
2. (Sen) her gün gazete al_____ _____ ? Hayır, (ben) _____
3. (O) çok uyu _____ _____ ? Evet, (o) _____
4. (Biz) beraber yemek ye _____ _____ ? Evet, (biz) _____
5. (Siz) araba kullan _____ _____ ? Hayır, (biz) _____
6. (Onlar) iyi yemek pişir _____ _____ ? Evet, (onlar) _____
7. (O) balık sev _____ _____ ? Evet, (o) _____
8. (Siz) İspanyolca bil_____ _____ ? Evet, (ben) _____
9. (Sen) futbol oyna _____ _____ ? Evet, (ben) _____
10. (Onlar) çok ders çalış _____ _____ ? Hayır, (onlar) _____

B. Using the first example, ask the following questions in positive and negative present progressive forms.

(Sen) Türkçe bil**iyor musun**?   (Sen) Türkçe bil**miyor musun**?

1. (Sen) otobüs bekle _____ _____ ?   (Sen) otobüs bekle _____ _____ ?
2. (O) gazete oku _____ _____ ?   (O) gazete oku _____ _____ ?
3. (Siz) ders çalış_____ _____ ?   (Siz) ders çalış _____ _____ ?
4. (Onlar) televizyon seyret _____ _____ ?   (Onlar) televizyon seyret _____ _____ ?

C. Add the correct case ending.

1. (Siz) nere**de** oturuyorsunuz?   Ben Bakırköy'_____ oturuyorum.
2. (Siz) şimdi nere**ye** gidiyorsunuz?   Ben şimdi okul_____ gidiyorum.
3. (Siz) şimdi nere**den** geliyorsunuz?   Ben şimdi iş_____ geliyorum.

Ç. *Add the correct case ending.*

Kime gidiyorsun?

a. Çetin'_____ **b.** Tezcan'_____ **c.** Levent'_____ **ç.** Selman'_____ **d.** Şaban'_____
e. Özgür'_____ **f.** Sait'_____ **g.** Fatma'_____ **ğ.** Hatice'_____ **h.** Emine'_____
ı. Şenay'_____ **i.** Türkan'_____ **j.** Nuray'_____ **k.** Şehnaz'_____ **l.** Ayşe'_____

D. *Translate the following sentences into English.*

1. ondan bana _____
2. sizden bize _____
3. Los Angeles'tan New York'a _____
4. İstanbul'dan Ankara'ya _____
5. Amerika'dan Türkiye'ye _____
6. Kemal Bey'den, Nazmiye Hanım'a _____
7. Sacit'ten, Mesut'a _____

E. *Fill in the blanks using the present progressive tense.*

1. (Sen) Türkçe bil_____ _____? Evet, (ben) _____.
2. (Sen) yemek yap_____ _____? Evet, (ben) yemek yap _____.
3. (Sen) hafta sonu tenis oyna_____ _____? Hayır, (ben) _____.
4. (O) her gün telefon et_____ _____? Evet, (o) _____.
5. (O) güzel Türkçe konuş_____ _____? Evet, (o) _____.
6. (O) iyi araba kullan_____ _____? Hayır, (o) _____.
7. (Siz) Bursa'da yaşa_____ _____? Hayır, (biz) _____.
8. (Siz) çok alışveriş yap_____ _____? Hayır, (biz) _____.
9. (Onlar) ödev yap_____ _____? Evet, (onlar) _____.
10. (Onlar) her gün kebap ye_____ _____? Hayır, (onlar) _____.

F. *Answer the following questions.*

1. Nerede çalışıyorsunuz? _____.
2. Ne zaman Türkçe çalışıyorsunuz? _____.
3. Ne yapmak istiyorsunuz? _____.
4. Kim Türkçe biliyor? _____.
5. Nerede oturuyorsunuz? _____.

KÜLTÜREL NOTLAR

Çay
Çay is the Turkish word for tea. It is the most commonly consumed beverage, and one can expect to have it offered to them almost anywhere they go. It is prepared in a *çaydanlık*, two stacked kettles. Water is boiled in the bottom kettle while strong tea is steeped in the top. When served, the steeped tea is mixed with the water depending on whether one wishes the tea to be strong (*koyu*) or light (*açık*). Most Turks drink it sweet, adding sugar cubes to taste. It is not consumed with milk.

Türk Kahvesi
Türk Kahvesi, Turkish coffee, is made by boiling spoonfuls of powder fine coffee grounds in small pots called *cezve*. It is served in small cups where the grounds settle to the bottom. These grounds are not consumed. Sugar is added during preparation. When ordering *Türk kahvesi*, one must specify one's preference for sweetness: *Sade* (no sugar), *az şekerli* (a little sugar), *orta şekerli* (medium sugar), or *çok şekerli* (a lot of sugar).

Nazar Boncuğu and *Maşallah*
One of the most commonly seen objects in Turkey is the *nazar boncuğu*, an amulet comprised of blue, white and yellow concentric circles. *Nazar*, commonly translated as the evil eye, is an envious gaze that is believed to have the power to cause harm to people, animals or objects. Such a gaze may cause harm even when no malice is intended. The *nazar boncuğu* is meant to protect its owner from harm, and it is believed that if one breaks it is the result of having warded off evil. This belief is rooted in ancient folk traditions and is not related to Islam. An Islamic expression that is commonly used to produce a similar effect is *maşallah*. It is often used after a compliment has been made in order to protect the receiver of the compliment against envy. Its literal translation is 'what God wishes.' It is a good will wish, offered in hopes that all will be well.

Ezan
Ezan is the call to prayer. It can be heard echoing across Turkey five times a day. The call is made in Arabic and starts with the statement *Allahu Akbar*, meaning 'God is great.' The person who recites the *ezan* is a *müezzin*. Traditionally the *müezzin* would make the call from the top of a *minare*, a slender tower common to all mosques. However mosques now usually install loudspeakers and the *müezzin* does not physically climb the *minare*. The prescribed prayer times are pre-dawn, noon, afternoon, sunset and evening.

ÜNİTE 7

TEKRAR

Nereye? y(-e, -a)

iş _____
lokanta _____
toplantı _____
sen _____
bura _____
Vedat' _____

Nere**ye** gidiyorsun?

Bahçe_____ gidiyorum.
Okul_____ gidiyorum.
Ders_____ gidiyorum.
Ofis_____ gidiyorum.
Ora_____ gidiyorum.
İstanbul'_____ gidiyorum.

Nerede? (-de, -da; -te, -ta)

iş _____
lokanta _____
toplantı _____
sen _____
bura _____
Vedat' _____

Nere**de** oturuyorsun?

Bahçe_____ oturuyorum.
Okul_____ oturuyorum.
Ders_____ oturuyorum.
Ofis_____ oturuyorum.
Ora_____ oturuyorum.
İstanbul'_____ oturuyorum.

Nereden? (-den,-dan; -ten, -tan)

iş _____
lokanta _____
toplantı _____
sen _____
bura _____
Vedat' _____

Nere**den** geliyorsun?

Bahçe_____ geliyorum.
Okul_____ geliyorum.
Ders_____ geliyorum.
Ofis_____ geliyorum.
Ora_____ geliyorum.
İstanbul'_____ geliyorum.

SINIF ÇALIŞMASI

(-de, -da; -te, -ta)

Kadıköy'_____ oturuyorum.
Sandalye_____ oturuyorum.
Lokanta_____ yemek yiyorum.
Yemekhane_____ yemek yiyorum.
Balkon_____ kahvaltı yapıyorum.
Otel_____ kahvaltı yapıyorum.
Konser_____ müzik dinliyorum.
Araba_____ müzik dinliyorum.

Durak_____ bekliyorlar.

(-den, -dan; -ten, -tan)

Banka_____ geliyorum.
Deniz_____ geliyorum.
Uçak_____ korkuyorum.
Köpek_____ korkuyorum.
Ev_____ çıkıyorum.
Sinema_____ çıkıyorum.
Kütüphane_____ kitap alıyorum.
Öğretmen_____ kitap alıyorum.

Fare_____ korkuyorum.

y (-e, -a)

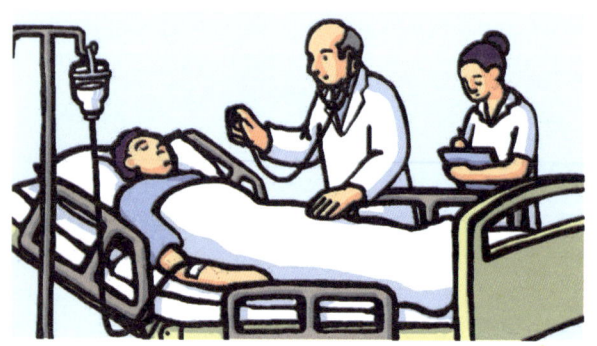

Sinema_____ gidiyorum.
Market_____ gidiyorum.
Manzara_____ bakıyorum.
Fotoğraf_____ bakıyorum.
Ahmet'_____ yardım ediyorum.
Çocuklar_____ yardım ediyorum.
Dolap_____ su koyuyorum.
Masa_____ bardak koyuyorum.

Doktor, hasta_____ bakıyor.

GRUP ÇALIŞMASI

Ask the corresponding questions.

1. _____ ?   Evet, Türkiye'ye gidiyorum.
2. _____ ?   Hayır, o film seyretmiyor.
3. _____ ?   Evet, ödev yapıyorum.
4. _____ ?   Antalya'ya gidiyorum.
5. _____ ?   Mustafa'ya telefon ediyorum.
6. _____ ?   Testlerden korkuyorum.
7. _____ ?   Ayşe'ye e-posta yazıyorum.
8. _____ ?   Kitap okuyorum.

Rearrange the words in the proper order.

1. yıl – tatil yapmak – Türkiye'de – istiyoruz – biz – bu
   _____

2. biliyor – Türkçe – sen – musun?
   _____

3. o – yapıyor – her – ödev – gün
   _____

4. sık sık – ben – yapmak – istiyorum – pratik – Türkçe
   _____

5. Neriman Hanım – korkuyor – çok – örümcekten
   _____

6. Naci Bey – bir – istiyor – kalmak – ay – Amerika'da
   _____

7. sınıfta – çok – bu – var – öğrenci – mı?
   _____

8. mı – ekmek – var?
   _____

SAYILAR (Numbers)

"Bu kaç?" "Bu üç."

0	1	2	3	4	5	6	7	8	9
sıfır	bir	iki	üç	dört	beş	altı	yedi	sekiz	dokuz
10	11	12	13	14	15	16	17	18	19
on	on bir	on iki	on üç	on dört	on beş	on altı	on yedi	on sekiz	on dokuz
20	30	40	50	60	70	80	90	100	1000
yirmi	otuz	kırk	elli	altmış	yetmiş	seksen	doksan	yüz	bin

10.000	100.000	1.000.000	1.000.000.000
on bin	yüz bin	bir milyon	bir milyar

GÜNLER (Days)

"Bugün (günlerden) ne?" "Bugün Pazar."

Pazartesi	Salı	Çarşamba	Perşembe	Cuma	Cumartesi	Pazar
Monday	Tuesday	Wednesday	Thursday	Friday	Saturday	Sunday

AYLAR (Months)

"Hangi aydayız?" "Şubattayız."

Ocak	Şubat	Mart	Nisan	Mayıs	Haziran
January	February	March	April	May	June
Temmuz	Ağustos	Eylül	Ekim	Kasım	Aralık
July	August	September	October	November	December

MEVSİMLER (Seasons)

"Bu hangi mevsim?" "Bu yaz."

İlkbahar	Yaz	Sonbahar	Kış
spring	summer	autumn	winter

RENKLER *(Colors)*

"Bu ne renk?" "Bu sarı."

SAAT KAÇ? *(What time is it?)*

Saat kaç?   Saat kaç?   Saat kaç?
Saat _____.   Saat _____ _____.   Saat _____.

SAAT KAÇTA? *(At what time?)*

1. Kahvaltı saat kaçta? (sabah 7)
   _____

2. Okul saat kaçta? (sabah 8.30)
   _____

3. Konferans saat kaçta? (sabah 10)
   _____

4. Teneffüs saat kaçta? (sabah 9.30)
   _____

5. Randevu saat kaçta? (öğlen 1)
   _____

6. Maç saat kaçta? (gece 11)
   _____

7. Ders saat kaçta? (akşam 6.30)
   _____

8. Film saat kaçta? (akşam 5)
   _____

PROGRAM (Schedule)

	Pazartesi	Salı	Çarşamba	Perşembe	Cuma	Cumartesi	Pazar
08.00 Sabah 8		kahvaltı					
10.00 Sabah 10							piknik
13.15 Öğlen 1.15						seminer	
17.00 Akşam 5	toplantı						
18.30 Akşam 6.30				Türkçe			
19.45 Akşam 7.45					tiyatro		
20.30 Akşam 8.30			film				

Pazartesi günü[11], saat 17.00'de (akşam 5'te) toplantı var.

1. Salı günü, _____.

2. Çarşamba günü, _____.

3. Perşembe günü, _____.

4. Cuma günü, _____.

5. Cumartesi günü, _____.

6. Pazar günü, _____.

---

[11] *Pazartesi günü* means 'on Monday.'

SIRA SAYI SIFATLARI *(Ordinal Numbers)*

KAÇINCI?[12]

-ıncı, -inci, -uncu, -üncü; -ncı, -nci

1	bir	bir*inci*[13]	1. *(1st)*
2	iki	iki*nci*	2.
3	üç	üç*üncü*	3.
4	dört	dörd*üncü*	4.
5	beş	beş*inci*	5.
6	altı	alt*ıncı*	6.
7	yedi	yedi*nci*	7.
8	sekiz	sekiz*inci*	8.
9	dokuz	dokuz*uncu*	9.
10	on	on*uncu*	10.

SINIF ÇALIŞMASI

1. Kaçıncı sayfa? _____ (23.)
2. Kaçıncı soru? _____ (17.)
3. Kaçıncı kat? _____ (2.)
4. Kaçıncı ders? _____ (1.)
5. Kaçıncı bardak? _____ (4.)
6. Kaçıncı sınıf? _____ (2.)

---

[12] *Kaçıncı* (what number, which in order, what rank) is a question word that expects an ordinal number as an answer.
[13] *İlk* is another word for *birinci*. However, *ilk* usually denotes order, while *birinci* denotes rank or order.

-den ÖNCE (Before)

Çaydan önce yemek yiyorum.   *Bulaşıktan önce çay içiyorum.*

1. Ders _____ _____ ödev yapıyorum.
2. Ayşe, ev_____ _____ markete gidiyor.
3. Öğrenciler, sınav_____ _____ ders çalışıyorlar.
4. Kızlar, parti _____ _____ makyaj yapıyorlar.
5. Sekreter hanım, ben_____ _____ geliyor.
6. Mayıs_____ _____ hava ısınıyor.
7. Saat 2'_____ _____ gel!

benden önce
senden önce
ondan önce
bizden önce
sizden önce
onlardan önce

-den SONRA (After)

Yemekten sonra çay içiyorum.   *Çaydan sonra bulaşık yıkıyorum.*

1. Ders_____ _____ pratik yapıyorum.
2. Bayram _____ _____ askere gidiyorum.
3. İstanbul' _____ _____ İzmir'e gidiyoruz.
4. Yemek_____ _____ çay içiyoruz.
5. Haberler _____ _____ film var.
6. Sen_____ _____ ben de gidiyorum.
7. Kasım_____ _____ hava soğuyor.

benden sonra
senden sonra
ondan sonra
bizden sonra
sizden sonra
onlardan sonra

DİYALOG - EKMEK VAR MI?

Bakkal:	Merhaba, hoş geldiniz.
Müşteri:	Merhaba, hoş bulduk. Ekmek var mı?
Bakkal:	Evet var. Kaç tane?
Müşteri:	İki tane lütfen. Kaç lira?
Bakkal:	1 lira.
Müşteri:	Yoğurt var mı?
Bakkal:	Yoğurt yok.
Müşteri:	Yumurta var mı?
Bakkal :	Var, kaç tane?
Müşteri:	10 tane. 10 yumurta ne kadar?
Bakkal:	1 lira 50 kuruş.
Müşteri:	Tamam, hepsi ne kadar?
Bakkal:	2 lira 50 kuruş.
Müşteri:	Buyurun.
Bakkal:	Teşekkürler.

KELİMELER

ekmek	bread
tane	piece (unit)
yoğurt	yoğurt
yumurta	egg
hepsi	all of it

1. Bakkalda ekmek var mı?

2. İki ekmek kaç lira?

3. Müşteri, bakkala kaç lira ödüyor?

4. Bakkalda yoğurt var mı?

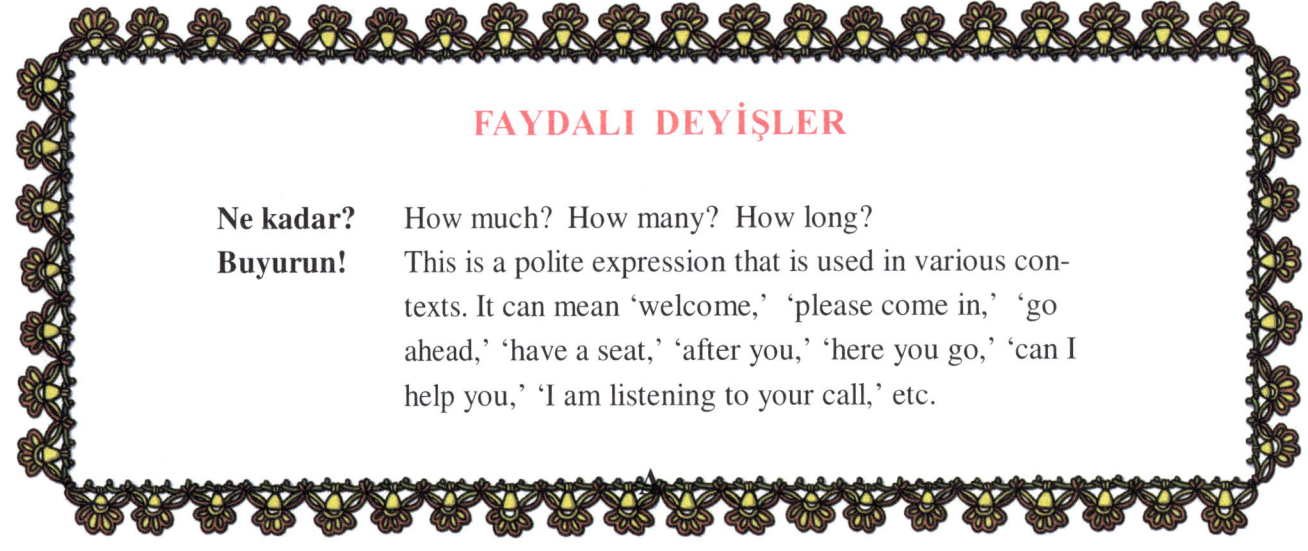

FAYDALI DEYİŞLER

Ne kadar? How much? How many? How long?

Buyurun! This is a polite expression that is used in various contexts. It can mean 'welcome,' 'please come in,' 'go ahead,' 'have a seat,' 'after you,' 'here you go,' 'can I help you,' 'I am listening to your call,' etc.

ALIŞTIRMALAR

A. *Match the following.*

1. bir
2. kırk iki
3. otuz altı
4. yirmi dokuz
5. otuz üç

a. -üncü
b. -nci
c. -inci
ç. -uncu
d. -ncı

B. *Write the following numbers in Turkish.*

1. 6 _____
2. 81 _____
3. 54 _____
4. 532 _____
5. 2012 _____
6. 126 _____
7. 1000 _____
8. 1974 _____
9. 49 _____

C. *Rearrange the words in the appropriate order.*

1. Ayşe – evde – 1 saat – çalışıyor – Türkçe – gün – her
   _____

2. her akşam – seyrediyor – Sylvia Hanım – televizyonda – dizi film
   _____

3. her sabah – ofise – gidiyor – Irene Hanım
   _____

4. biz – istiyoruz – Türkçe – öğrenmek – bu yıl – merkezde
   _____

5. istiyorlar – gitmek – hafta sonu – onlar – pikniğe
   _____

Ç. *Answer the following questions using the case ending suffixes that are highlighted in the question.*

1. Ner**ede** Türkçe öğreniyorsunuz?
   _____ (kurs)
2. Ner**ede** kahve içiyorsunuz?
   _____ (kahvehane)
3. Ner**ede** çalışıyorsunuz?
   _____ (bir okul)
4. Ner**eden** alışveriş yapıyorsunuz?
   _____ (pazar)
5. Ner**eden** bilet alıyorsunuz?
   _____ (gişe)
6. Ner**eye** para ödüyorsunuz?
   _____ (banka)
7. Kim**e** telefon ediyorsunuz?
   _____ (Abdullah Bey)
8. Ner**ede** kalıyorsunuz?
   _____ (otel)
9. Kim**de** kalem var?
   _____ (Kemal Bey)
10. Ner**ede** yüzüyorsunuz?
    _____ (havuz)
11. Ner**eye** dönüyorsunuz?
    _____ (İstanbul)
12. Ner**eden** çıkıyorsunuz?
    _____ (lokanta)
13. Ner**eye** koyuyorsunuz?
    _____ (masa)
14. Ner**ede** güneşleniyorsunuz?
    _____ (plaj)
15. Ner**eye** bakıyorsunuz?
    _____ (deniz)
16. Kim**e** gülüyorsunuz?
    _____ (palyaço)
17. Ner**ede** tatil yapıyorsunuz?
    _____ (Bodrum)
18. Ner**eden** okuyorsunuz?
    _____ (internet)
19. Ner**eden** biliyorsunuz?
    _____ (gazete)

D. *Fill in the blanks with the appropriate suffix.*

Nerede oturuyorsunuz? *(Where do you live? Where are you sitting?)*

1. Manhattan'**da oturuyorum.**
2. Üsküdar' _____ .
3. Taksim' _____ .
4. Kafe _____ .
5. Sandalye _____ .
6. Plaj _____ .
7. Yer _____ .
8. Çekyat _____ .
9. Araba _____ .
10. Koltuk _____ .
11. Balkon _____ .
12. Teras _____ .
13. Merdiven _____ .
14. Lobi _____ .

Nereden geliyorsunuz? *(Where are you coming from?)*

1. Meksika'**dan geliyorum.**
2. Kore' _____ .
3. Kanada' _____ .
4. İngiltere' _____ .
5. Japonya' _____ .
6. Fransa' _____ .
7. Rusya' _____ .
8. Sınıf _____ .
9. Sinema _____ .
10. Büro _____ .
11. Oda _____ .
12. Bahçe _____ .
13. Dışarı _____ .
14. Kurs _____ .

Nereye gidiyorsunuz? *(Where are you going?)*

1. Ankara'**ya gidiyorum.**
2. Edirne' _____ .
3. İzmir' _____ .
4. Antalya' _____ .
5. Adana' _____ .
6. Van' _____ .
7. Trabzon' _____ .
8. İş _____ .
9. Köy _____ .
10. Piknik _____ .
11. Kantin _____ .
12. Bakkal _____ .
13. Mağaza _____ .
14. Alışveriş _____ .

E. *Translate into Turkish.*

1. one person _____
2. two people _____
3. twenty liras _____
4. one hundred dollars _____
5. one thousand liras _____
6. eighty-eight pages _____

F. *Please match the following.*

1. dördüncü   a. 119.
2. on birinci   b. 1.
3. yirmi beşinci   c. 11.
4. yüz on dokuzuncu ç. 4.
5. birinci   d. 25.

G. *Please answer the following questions.*

1. Saat kaçta uyanıyorsun?   _____ .
2. Saat kaçta işe gidiyorsun? _____ .
3. Saat kaçta işten çıkıyorsun? _____ .
4. Saat kaçta evde oluyorsun? _____ .
5. Saat kaçta yatıyorsun?   _____ .

Ğ. *Ask the appropriate questions.*

1. _____ ?   Evet, Türkçe öğreniyorum.
2. _____ ?   Hayır, İngilizce bilmiyorum.
3. _____ ?   Evet, her gün koşuyoruz.
4. _____ ?   Hollywood'da oturuyorum.
5. _____ ?   Piknikten geliyorum.
6. _____ ?   Hayır, pasta yemek istemiyorum.
7. _____ ?   Evet, sinemaya gitmek istiyorum.
8. _____ ?   Kahve içmek istiyorum.

ÜNİTE 8

MESLEKLER *(Occupations)*

-cı, -ci, -cu, -cü; -çı, -çi, -çu, -çü YAPIM EKİ *(-ci Derivative Suffixes)*

The *-cı, -ci, -cu, -cü* suffixes denote occupations or professions, similar to the -ist suffix in English. The rules of vowel harmony are followed. For words ending in *f, s, t, k, ç, ş, h* or *p*, the suffixes beginning with *ç* (*-çı, -çi, -çu, -çü*) are used.

Çaycı

Kuyumcu

Simitçi

Balıkçı

SINIF ÇALIŞMASI

fotoğraf _____	banka _____	kütüphane _____
boya _____	Türkçe _____	muhasebe _____
futbol _____	ecza _____	gazete _____
tenis _____	elektrik _____	tamir _____
iş _____	peynir _____	aş _____
spor _____	kitap _____	yoğurt _____
diş _____	meyve _____	süt _____
mobilya _____	emlak _____	köfte _____
saat _____	lastik _____	gözlük _____
şarkı _____	itfaiye _____	çiçek _____
hizmet _____	temizlik _____	posta _____

EK FİİL GENİŞ ZAMAN (-im, -sin, (-dir), -iz, -siniz, -ler)
(To Be, Present Tense)

NE İŞ YAPIYORSUNUZ?

Ben	öğretmenim.	Ben nasılım?	
Sen	öğretmensin.	Sen nasılsın?	
O	öğretmen(dir).	O nasıl?	
Biz	öğretmeniz.	Biz nasılız?	
Siz	öğretmensiniz.	Siz nasılsınız?	
Onlar	öğretmen(dir)ler.	Onlar nasıllar?	

Ben mimarım.
Sen ___
O ___
Biz ___
Siz ___
Onlar ___

Ben doktorum.
Sen ___
O ___
Biz ___
Siz ___
Onlar ___

Ben şoförüm.
Sen ___
O ___
Biz ___
Siz ___
Onlar ___

Ben iyiyim.
Sen ___
O ___
Biz ___
Siz ___
Onlar ___

Ben hastayım.
Sen ___
O ___
Biz ___
Siz ___
Onlar ___

Ben kötüyüm.
Sen ___
O ___
Biz ___
Siz ___
Onlar ___

Ben	öğretmen	değilim.
Sen	öğretmen	değilsin.
O	öğretmen	değil(dir).
Biz	öğretmen	değiliz.
Siz	öğretmen	değilsiniz.
Onlar	öğretmen	değil(dir)ler.

Ben Türk değilim.
Sen ___ ___
O ___ ___
Biz ___ ___
Siz ___ ___
Onlar ___ ___

Ben turist değilim.
Sen ___ ___
O ___ ___
Biz ___ ___
Siz ___ ___
Onlar ___ ___

Ben aç değilim.
Sen ___ ___
O ___ ___
Biz ___ ___
Siz ___ ___
Onlar ___ ___

Ben	öğretmen	mi**yim**?
Sen	öğretmen	mi**sin**?
O	öğretmen	mi(**dir**)?
Biz	öğretmen	mi**yiz**?
Siz	öğretmen	mi**siniz**?
Onlar	öğretmen**ler**	mi?

Ben	şanslı **mıyım**?		Ben	mutlu **muyum**?		Ben	üzgün **müyüm**?	
Sen	____ ____ ?		Sen	____ ____ ?		Sen	____ ____ ?	
O	____ ____ ?		O	____ ____ ?		O	____ ____ ?	
Biz	____ ____ ?		Biz	____ ____ ?		Biz	____ ____ ?	
Siz	____ ____ ?		Siz	____ ____ ?		Siz	____ ____ ?	
Onlar	____ ____ ?		Onlar	____ ____ ?		Onlar	____ ____ ?	

KENDİNİ TANITMA *(Introducing Oneself)*

SINIF ÇALIŞMASI

Merhaba, benim adım Dursun. Balıkçıyım. Bekârım. Trabzon'da yaşıyorum.

Merhaba, benim adım Bedih. Şarkıcıyım. Evliyim. Urfa'da yaşıyorum.

Merhaba, benim adım Zafer. Mühendisim. Evliyim. İstanbul'da yaşıyorum.

Merhaba,

_____

_____

_____

_____

_____

GRUP ÇALIŞMASI

- Yorgun musun(uz)?
- Evet, çok yorgunum.

- Ev hanımı mısın(ız)?
- Hayır, ev hanımı değilim, sekreterim.

1. İyi misin(iz)?   Evet, ben _____
2. Öğrenci misin(iz)?   Hayır, ben _____
3. Anne misin(iz)?   Evet, ben _____
4. Emekli misin(iz)?   Hayır, ben _____
5. Rahat mısın(ız)?   Evet, ben _____
6. Gazeteci misin(iz)?   Hayır, ben _____
7. Çevreci misin(iz)?   Evet, ben _____
8. Evli misin(iz)?   Evet, ben _____
9. O aç mı?   Hayır, o _____
10. O bankacı mı?   Evet, o _____
11. Onlar meşgul mü?   Hayır, onlar _____
12. Biz mutlu muyuz?   Evet, biz _____
13. Onlar evde mi?   Hayır, onlar _____
14. Turist misin(iz)?   Hayır, ben _____
15. Türk müsün(üz)?   Hayır, ben _____

DİYALOG - PASAPORT KONTROL

Polis: Türkiye'ye hoş geldiniz.
Turist: Hoş bulduk.
Polis: Pasaportta vize var mı?
Turist: Evet, var.
Polis: Nereden geliyorsunuz?
Turist: Amerika'dan geliyorum.
Polis: Nereye gidiyorsunuz?
Turist: Edirne'ye gidiyorum.
Polis: Ne iş yapıyorsunuz?
Turist: Öğrenciyim.
Polis: Türkiye'de kaç gün kalmak istiyorsunuz?
Turist: 10 gün kalmak istiyorum.
Polis: Tamam, tekrar hoş geldiniz.
Turist: Teşekkür ederim. Kolay gelsin.
Polis: Rica ederim. İyi tatiller.

1. Turist, nereden geliyor?

2. Turist, nereye gidiyor?

3. Turist, ne iş yapıyor?

4. Turist, Türkiye'de kaç gün kalmak istiyor?

NEREDESİNİZ? *(Where are you?)*

- Neredesin?
- Evdeyim.

- Evde misin?
- Hayır, evde değilim, metrobüsteyim.

Evdeyim.	Evde değilim.	Evde miyim?
Evdesin.	Evde değilsin.	Evde misin?
Evde.	Evde değil.	Evde mi?
Evdeyiz.	Evde değiliz.	Evde miyiz?
Evdesiniz.	Evde değilsiniz.	Evde misiniz?
Evdeler.	Evde değiller.	Evdeler mi?

SINIF ÇALIŞMASI

<u>Olumlu</u> <u>Olumsuz</u> <u>Soru</u>

Ben sınıftayım.	Ben sinemada değilim.	Ben telefonda mıyım?
Sen _____	Sen _____	Sen _____ ?
O _____	O _____	O _____ ?
Biz _____	Biz _____	Biz _____ ?
Siz _____	Siz _____	Siz _____ ?
Onlar _____	Onlar _____	Onlar _____ ?

Ben İstanbul'_____	Ben taksi _____	Ben otel_____ ?
Sen _____	Sen _____	Sen _____ ?
O _____	O _____	O _____ ?
Biz _____	Biz _____	Biz _____ ?
Siz _____	Siz _____	Siz _____ ?
Onlar _____	Onlar _____	Onlar _____ ?

Ben Türkiye'_____	Ben metro _____	Ben tatil_____ ?
Sen _____	Sen _____	Sen _____ ?
O _____	O _____	O _____ ?
Biz _____	Biz _____	Biz _____ ?
Siz _____	Siz _____	Siz _____ ?
Onlar _____	Onlar _____	Onlar _____ ?

BAZI BAĞLAÇLAR (Some Conjunctions)

VE (and)

Marketten patates **ve** yumurta alıyorum.

Hasan **ve** Ali sinemaya gidiyorlar.

Köpekten **ve** fareden korkuyorum.

Kahvaltıda peynir **ve** zeytin yiyoruz.

VEYA (or)

Doktor **veya** veteriner olmak istiyorum.

İzmir'e **veya** Antalya'ya gitmek istiyorum.

Haziranda **veya** temmuzda tatile gidiyorum.

Çay **veya** kahve istiyorum.

AMA (but)

Evlenmek istiyorum **ama** para yok.

Televizyon seyretmek istiyorum **ama** çok ödev var.

Güzel Türkçe konuşmak istiyorum **ama** az biliyorum.

Ben et yemiyorum **ama** balık yiyorum.

ÇÜNKÜ (because)

Türkçe öğreniyorum **çünkü** çok güzel.

Türkiye'de tatil yapıyorum **çünkü** ucuz.

Ders çalışıyorum **çünkü** yarın test var.

Çok dondurma yiyorum **çünkü** çok seviyorum.

DE, DA *(and, also, too)*[14]

NİÇİN? NEDEN? NİYE? *(Why)*

verb stem + -mek için *(in order to...)*

SINIF ÇALIŞMASI

1. Niçin uyuyorsun? _____ (dinlenmek)
2. Niçin sinemaya gidiyoruz? _____ (eğlenmek)
3. Elizabeth niye kursa gidiyor? _____ (Türkçe öğrenmek)
4. Niye plaja gidiyorsun? _____ (yüzmek)
5. Niye telefon ediyorsun? _____ (konuşmak)

---

[14] The words *de* and *da* (and, also, too, as for) should not be confused with the locative suffixes *-de* and *-da*. They are written separately. Note that in the above illustration *de* is used in two different ways. The second speaker uses it to mean 'as well,' while the third speaker uses it to mean 'as for [me].'

OKUMA - İSTANBUL'DA BİR ÖĞRENCİ

Benim adım Jenny. Ben New York, Brooklyn'de oturuyorum. Şimdi İstanbul'da yaşıyorum ve bir yurtta kalıyorum. Her sabah üniversiteye gidiyorum. Üniversitede Türkçe öğreniyorum, kültür de öğreniyorum. Türkçe öğrenmek çok eğlenceli. Orada öğretmenler bana çok şeyler öğretiyorlar.

Kampüste arkadaşlar ve ben geziyoruz, basketbol oynuyoruz, Türkçe ve İngilizce pratik yapıyoruz.

Bazen kantinden tost ve çay alıyorum ve yiyorum.

Okuldan sonra yurda gidiyorum, ders çalışıyorum, ödev yapıyorum, e-posta yazıyorum ve sonra biraz televizyon seyrediyorum. Erken kalkmak için erken yatıyorum.

1. Jenny her sabah nereye gidiyor?

_____

2. Jenny nerede kalıyor?

_____

3. Jenny üniversitede neler yapıyor?

_____

4. Jenny kantinden neler alıyor?

_____

5. Jenny okuldan sonra parka gidiyor mu?

_____

6. Jenny ne zaman yatıyor?

_____

KELİMELER

yurt	dormitory
eğlenceli	fun
kültür	culture
şey	thing
kampüs	campus
gezmek	wander around
İngilizce	English language
bazen	sometimes
kantin	dining hall
tost	toasted sandwich
erken	early
kalkmak	get up

FAYDALI DEYİŞLER

Kolay gelsin! May your work be easy!

Çok yaşa! Bless you! (After a sneeze.) Literally meaning 'Live long!' The proper response to this expression is either of the following:

Sen de gör! You too. I hope you will experience long life as well!
Hep beraber! May we all experience long life together!

ALIŞTIRMALAR

A. *Fill in the blanks.*

	bankacı	öğrenci	iş adamı	yönetici
Ben	bankacıyım			
Sen		öğrencisin		
O			iş adamı	
Biz	bankacıyız			
Siz				yöneticisiniz
Onlar		öğrenciler		

	aç	tok	yorgun	meşgul
Ben			yorgunum	
Sen	açsın			
O		tok		
Biz				meşgulüz
Siz		toksunuz		
Onlar			yorgunlar	

	zayıf değil	şişman değil	heyecanlı değil	tembel değil
Ben				tembel değilim
Sen	zayıf değilsin			
O				
Biz		şişman değiliz		
Siz				tembel değilsiniz
Onlar			heyecanlı değiller	

	evli	çocuk	çalışkan	zeki
Ben	evli miyim?			
Sen			çalışkan mısın?	
O		çocuk mu?		
Biz				zeki miyiz?
Siz	evli misiniz?			
Onlar			çalışkanlar mı?	

	evde	Türkiye'de	işte	yolda
Ben				yoldayım
Sen			iştesin	
O		Türkiye'de		
Biz	evdeyiz			
Siz				yoldasınız
Onlar		Türkiye'deler		

B. Fill in the blanks by using the following words and suffixes.

öğretmenim, yaşıyorum, Mustafa, -yum, -a, -den, -de

Benim adım _____. İstanbul'da_____, Ataköy'de oturuyorum.

Ben_____, bir okulda çalışıyorum. Her sabah saat 7'_____ ev_____ çıkıyorum ve okul_____ gidiyorum. Çok mutlu_____.

C. *Ne iş yapıyorsunuz?*

_____

_____

Ç. Choose the correct occupation for each person.

1. Ben bir hastanede çalışıyorum.   _____ gazeteciyim
2. Ben bir gazetede çalışıyorum.   _____ doktorum
3. Ben bir bankada çalışıyorum.   _____ işçiyim
4. Ben bir fabrikada çalışıyorum.   _____ bankacıyım
5. Ben bir lokantada çalışıyorum.   _____ garsonum

D. Fill in the correct forms of 'to be'.

   Hasta**yım**   (I)
1. Parkta_____   (they)
2. Kuaför_____   (she)
3. Memur_____   (we)
4. Gelin_____   (she)
5. Damat_____   (he)
6. Hastanede_____   (you, plural)
7. Polis_____   (you, singular)
8. Arkadaş_____   (we)
9. İstanbul'da_____   (we)

E. Fill in the blocks.

   O kitap satıyor.

1. O basketbol oynuyor.
2. O döner satıyor.
3. O Matematik öğretiyor.
4. O bir apartmanda çalışıyor.
5. O tatlı satıyor.
6. O fotokopi çekiyor.
7. O elektronik eşyalar tamir ediyor.
8. O politika yapıyor.
9. O taksi sürüyor.

| K | İ | T | A | P | Ç | I | | | |

ÜNİTE 9

MİNİ TEST

1. *Add the appropriate personal pronoun suffixes.*
Ben evli_____   Biz evli_____
Sen evli_____   Siz evli_____
O evli _____   Onlar evli_____

2. *Complete the question and answer it.*
Bugün hava soğuk _____?
Evet, _____ .
Hayır, _____ .

3. *Choose the correct response.*
- Hoşçakal.
a. Hoş bulduk.   **b.** Güle güle.   **c.** Merhaba.
- Teşekkürler.
a. Rica ederim.   **b.** Sağ ol.   **c.** Ben de.
- Günaydın!
a. Ben de.   **b.** Günaydın.   **c.** Güle güle.

4. *Provide the appropriate pronoun.*
a. _____ iyi misin?   **b.** _____ hasta mı?
c. _____ yorgunum.   **ç.** _____ meşgulsünüz.

5. Siz Türk müsünüz?
Hayır, ben _____ .

6. Siz turist misiniz?
Evet, ben _____ .

7. *Fill in the appropriate case endings.*
Nereye gidiyorsunuz?
Ben ev_____ gidiyorum.
Ben iş_____ gidiyorum.
Ben Türkiye'_____ gidiyorum.

8. *Fill in the appropriate case endings.*
Ali nereden geliyor?
Ali İstanbul'_____ geliyor.
Ali piknik_____ geliyor.

9. *Put the following words in order.*
Türkiye'ye - istiyoruz - gitmek - bu - yaz - biz
_____

10. *Translate the following sentence.*
After class I go home.

11. *Add the correct case endings.*
a. Mustafa'_____ telefon ediyorum.
b. Tayyip'_____ yardım ediyorum.
c. Uçak_____ korkuyorum.
ç. Hollywood'_____ oturuyorum.
d. İstanbul'_____ gidiyorum.
e. Ev_____ geliyorum.
f. Saat 5'_____ film var.
g. Masa_____ bardak koyuyorum.
ğ. Balkon_____ yemek yiyorum.
h. Çocuklar_____ bakıyorum.

12. *Answer the following question.*
Neredesiniz?
a. Ben ders_____ .
b. Ben tatil_____ .
c. Ben İzmir'_____ .
ç. Biz plaj_____ .
d. Biz yol_____ .
e. Biz tren_____ .

13. *Ask the appropriate question.*
- _____?
- Onlar evdeler.

14. Türkçe biliyor musunuz?
Evet, _____ .

15. Onlar Türkçe pratik yapıyorlar mı?
Hayır, _____ .

16. *Write at least ten verbs you know.*
_____
_____
_____
_____
_____

17. *Fill in the blanks with the appropriate case endings.*
Nerede oturuyorlar?
Onlar bir kafe_____ oturuyorlar.
Onlar Üsküdar'_____ oturuyorlar.
Onlar araba_____ oturuyorlar.

NERELİSİNİZ? HANGİ DİLİ KONUŞUYORSUNUZ?
(Where are you from?[15] What language do you speak?)

The suffixes *-lı, -li, -lu* and *-lü* are added to the names of countries and locations to indicate the nationality or citizenship of a person. Examples are *Amerikalı* (an American), *Koreli* (a Korean) and *New Yorklu* (a New Yorker). Some nationalities also have names not ending in *-lı, -li, -lu* and *-lü*, such as *Türk* (a Turk), *Rus* (a Russian) and *Yunan* (a Greek). The difference between *Türk* and *Türkiyeli* is that while *Türk* refers to a specific ethnicity, *Türkiyeli* refers to all citizens of Turkey regardless of ethnicity.

The suffixes *-ca, -ce, -ça* and *-çe* are used for languages. The suffix is added after the nationality or country name. For example, the Turkish language, *Türkçe*, is composed of *Türk* and the suffix *-çe*.[16]

Ülke	Milliyet (-lı, -li, -lu, -lü)	Dil (-ca, -ce, -ça, -çe)
Türkiye	Türkiye**li** / Türk	Türk**çe**
İngiltere	İngiltere**li** / İngiliz	İngiliz**ce**
Fransa	Fransa**lı** / Fransız	Fransız**ca**
İspanya	İspanya**lı** / İspanyol	İspanyol**ca**
İtalya	İtalya**lı** / İtalyan	İtalyan**ca**
Yunanistan	Yunanistan**lı** / Yunan	Yunan**ca**
Almanya	Almanya**lı** / Alman	Alman**ca**
Rusya	Rusya**lı** / Rus	Rus**ça**
Japonya	Japonya**lı** / Japon	Japon**ca**
Bosna	Bosna**lı** / Boşnak	Boşnak**ça**
İsrail	İsrail**li** / Musevi	İbrani**ce**
Bulgaristan	Bulgaristan**lı** / Bulgar	Bulgar**ca**
Meksika	Meksika**lı**	İspanyol**ca**
Suriye	Suriye**li**	Arap**ça**
Kore	Kore**li**	Kore**ce**
Amerika	Amerika**lı**	İngiliz**ce**
Çin	Çin**li**	Çin**ce**
Pakistan	Pakistan**lı**	Urdu**ca**
İran	İran**lı**	Fars**ça**
Kenya	Kenya**lı**	Sıvahili**ce**

---

[15] While in English it is much more common to ask 'Where are you from?,' in Turkish one would ask *nerelisiniz?*, 'what is your nationality?' One may also ask *neredensiniz?*, literally 'where are you from?,' however this is much less common.
[16] Note that there is no apostrophe before the *-lı, -li, -lu, -lü* or *-ca, -ce, -ça, -çe* suffixes.

DİYALOG - SINIFTA

Kwame:	Merhaba arkadaşlar.
Mary:	Merhaba.
Ayano:	Merhaba.
Kwame:	Nasılsınız?
Mary:	İyiyim. Siz nasılsınız?
Kwame:	Ben de iyiyim. Teşekkürler. Adınız ne?
Mary:	Adım Mary.
Ayano:	Benim adım da Ayano. Sizin adınız ne?
Kwame:	Benim adım Kwame. Hoş geldiniz. Nerelisiniz?
Ayano:	Ben Japonyalıyım. Tokyo'da yaşıyorum.
Mary:	Ben Amerikalıyım. Los Angeles'ta yaşıyorum. Kwame, sen nerelisin, hangi dili konuşuyorsun?
Kwame:	Ben Kenyalıyım ve orada Sıvahilice konuşuyoruz. Ayano, sen Japonca biliyor musun?
Ayano:	Evet, tabi biliyorum.
Kwame:	Başka diller de biliyor musun?
Ayano:	Evet, İngilizce ve biraz Türkçe biliyorum. Ya sen Mary?
Mary:	Ben İngilizce, biraz İspanyolca ve İtalyanca biliyorum. Biraz da Türkçe biliyorum.
Kwame:	Türkçe nasıl? Zor mu?
Ayano:	Hayır, biraz Japonca gibi.
Mary:	Bence de zor değil. Türkçe öğrenmek çok eğlenceli.
Kwame:	Öğretmen geliyor! Sonra görüşürüz.

KELİMELER

başka	other
tabi	of course
biraz	a little
gibi	like
bence	in my opinion
eğlenceli	entertaining

1. Kwame nereli?

_____

2. Mary, hangi dilleri biliyor?

_____

3. Ayano, nerede yaşıyor?

_____

EMİR KİPİ (Second Person Singular Imperatives)

Olumlu   *Olumsuz*

Bak, uçak!

Atma![17]

(Sen) git!   (Sen) gi*t***me**!
(Sen) konuş!   (Sen) kon*u***şma**!
(Sen) iç!   (Sen) *i***çme**!
(Sen) otur!   (Sen) ot*u***rma**!

SINIF ÇALIŞMASI

		<u>Olumlu</u>	<u>Olumsuz</u>
1.	yapmak	(Sen) **yap!**	(Sen) **yapma!**
2.	almak	(Sen) _____	(Sen) _____
3.	vermek	(Sen) _____	(Sen) _____
4.	sormak	(Sen) _____	(Sen) _____
5.	yazmak	(Sen) _____	(Sen) _____
6.	yemek	(Sen) _____	(Sen) _____
7.	beklemek	(Sen) _____	(Sen) _____
8.	açmak	(Sen) _____	(Sen) _____
9.	kapatmak	(Sen) _____	(Sen) _____
10.	okumak	(Sen) _____	(Sen) _____
11.	söylemek	(Sen) _____	(Sen) _____

---

[17] The negative suffixes *-me* and *-ma* are used with the imperative forms of the verb. These suffixes only appear with verbs. They are different from *değil*, which is used to negate adjectives or nouns in sentences that lack an expressed verb, as in '*Hasta değil.*' (He is not sick.)

LÜTFEN (Please)

GRUP ÇALIŞMASI

Add the correct case ending for each sentence.

1. Çanta_____ koy lütfen!
2. Sol____ dönme lütfen!
3. Ben____ bak lütfen!
4. Bura____ gel lütfen!
5. Hasan'_____ iste lütfen!
6. Öğretmen_____ sor lütfen!
7. Lütfen, çocuk_____ gülme!
8. Lütfen, bura_____ yüzme!
9. Lütfen, doktor_____ git!
10. Taksi_____ bin lütfen!
11. Bura_____ park etme lütfen!
12. Lütfen, bu yemek____ yeme!
13. Lütfen, bu fikir_____ vazgeç!
14. Lütfen, ben_____ Türkçe öğret!
15. Durak_____ otobüs_____ in!
16. Kapalıçarşı'_____ pazarlık yap!
17. O_____ yardım et lütfen!
18. Hamza'_____ telefon etme!
19. Sema'_____ e-posta yaz lütfen!
20. Bura____ dur lütfen!

GRUP ÇALIŞMASI

Arrange the words to form sentences.

1. lütfen – çalış – her – Türkçe – gün – (sen)
   _____

2. lütfen – sabah – yarın – git – doktora – (sen)
   _____

3. yap – ödev – zaman – her – (sen)
   _____

4. erken – var – gel –çünkü – iş – çok – (sen)
   _____

5. gitme – sinemaya – bu hafta – film – güzel – çünkü – yok – (sen)
   _____

YOL TARİFİ *(Directions)*
SAĞA DÖN, SOLA DÖN, DÜZ GİT, SAĞDA, SOLDA

- Affedersiniz, market nerede?
*- Bu yoldan **düz git**, sonra **sağa dön**. Market **solda**.*

SINIF ÇALIŞMASI

1. Meydan nerede?
___

2. Cami nerede?
___

3. Pansiyon nerede?
___

4. Park nerede?
___

5. Plaj nerede?
___

6. Eczane nerede?
___

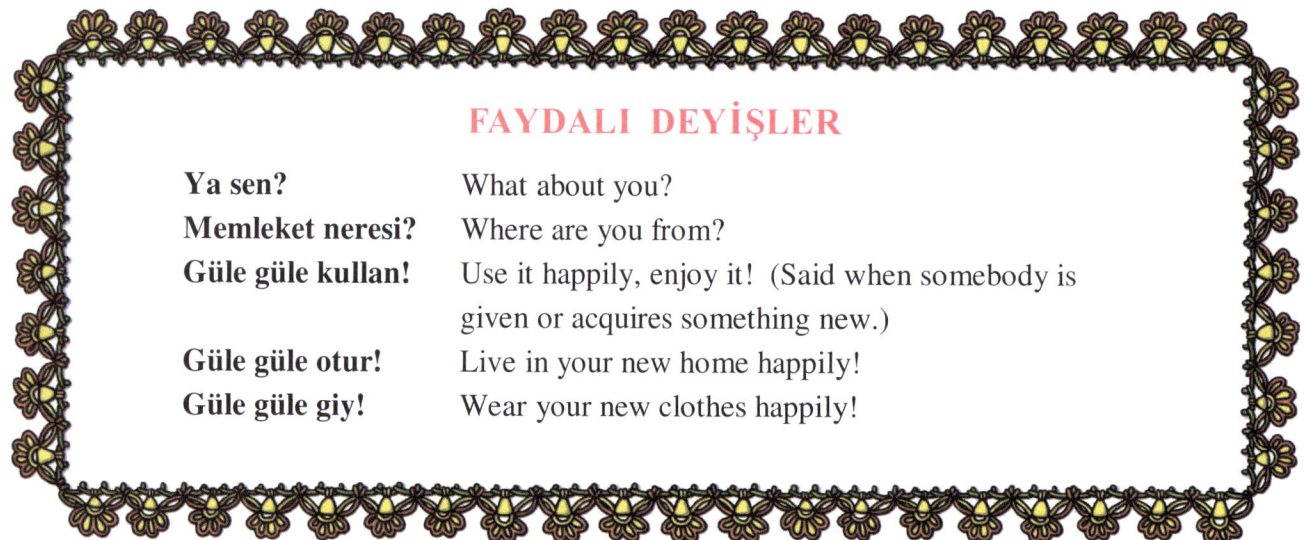

FAYDALI DEYİŞLER

Ya sen?	What about you?
Memleket neresi?	Where are you from?
Güle güle kullan!	Use it happily, enjoy it! (Said when somebody is given or acquires something new.)
Güle güle otur!	Live in your new home happily!
Güle güle giy!	Wear your new clothes happily!

ALIŞTIRMALAR

A. *Add the correct case ending (-de, -da, -den, -dan or -e, -a)*

Mehmet, her akşam Ebru'**ya** telefon ediyor.

1. Köpek, pencere_____ bakıyor.
2. Biz bu yaz Didim'_____ tatil yapıyoruz.
3. Bu otobüs, Taksim'_____ geçiyor mu?
4. Öğretmen, her gün öğrenciler_____ ödev veriyor.
5. İstanbul'_____ sonra Ankara'_____ da gidiyorum.
6. Ayşe, otobüs_____ biniyor.
7. Mehmet, tren_____ iniyor.
8. Remzi, her hafta Türkiye'_____ mektup yazıyor.
9. Taksi, sağ_____ dönüyor.
10. Atilla, plaj_____ kitap okuyor.
11. Asansör, beşinci kat_____ birinci kat_____ iniyor.
12. Ahmet, Ayşe'_____ hoşlanıyor.
13. Biz vitrinler_____ bakıyoruz.
14. Mustafa, koltuk_____ uyuyor.
15. Her yaz bu otel_____ kalıyorum.
16. Sema_____ hediye almak istiyorum.

B. *Match the locations to the appropriate suffixes.*

1. Üsküp
2. Sofya
3. Hong Kong
4. Taşkent

a. _____ -lıyım.
b. _____ -lüyüm.
c. _____ -liyim.
ç. _____ -luyum.

C. *Add the correct suffixes following the example.*

Benim adım Suita, Kırgızistan**lıyım** ve Kırgız**ca** konuşuyorum.

1. Benim adım Abdullah, Filistin_____ ve Arap_____ konuşuyorum.
2. Benim adım Hafsa, Pakistan_____ ve Urdu_____ konuşuyorum.
3. Benim adım Diego Alberto, Arjantin_____ ve İspanyol_____ konuşuyorum.
4. Benim adım Shuruti, Hindistan_____ ve Hint_____ konuşuyorum.
5. Benim adım Ronaldo, Brezilya_____ ve Portekiz_____ konuşuyorum.
6. Benim adım Hrant, Ermenistan_____ ve Ermeni_____ konuşuyorum.

Ç. *Fill in the blanks following the example.*

Türkmenler, **Türkmence** konuşuyor.

1. Vietnamlılar, _____ konuşuyor.
2. Arnavutluklular, _____ konuşuyor.
3. Mısırlılar, _____ konuşuyor.
4. Belaruslular, _____ konuşuyor.
5. Moğolistanlılar, _____ konuşuyor.

D. *Match the following words.*

1. Yardım
2. Duş
3. Geç
4. Ödev
5. Selam

a. _____ al!
b. _____ et!
c. _____ yap!
ç. _____ kalma!
d. _____ söyle!

E. *Match the people with their nationalities.*

1. Mahatma Gandhi
2. Michael Jackson
3. Orhan Pamuk
4. Prens Charles
5. Mozart
6. Picasso
7. Dostoyevsky
8. Napoleon

a. Rus
b. Avusturyalı
c. Amerikalı
ç. İspanyol
d. Türk
e. İngiliz
f. Hindistanlı
g. Fransız

F. *Arrange the words to form sentences.*

1. in – durakta – bu – otobüsten – (sen)

2. saat – bin – 8'de – akşam – trene – (sen)

3. sürme – çünkü – ben – korkuyorum – hızlı – araba – (sen)

4. telefon etme – babaya – meşgul – çünkü o – çok – (sen)

5. öğretmene – Türkçe – her hafta – yaz – e-posta – (sen)

G. *Fill in the blocks.*

1. Bu ülkede büyük bir karnaval var.
2. Bu ülkede Piramitler var.
3. Bu ülkede Tac Mahal var.
4. Bu ülkede çok kanguru var.
5. Bu ülkede El Hamra Sarayı var.
6. Bu ülkede Kremlin Sarayı var.
7. Bu ülkede Özgürlük Heykeli var.
8. Bu ülkede Akropolis var.
9. Bu ülkede Pisa Kulesi var.
10. Bu ülkede Ayasofya Müzesi var.

Ğ. *Translate the following sentences.*

Speak Turkish, please.   **Türkçe konuş, lütfen.**

1. Take care of the kids.
2. Buy a gift for Ayşe.
3. Write an email.
4. Stop here, please.
5. Come here.
6. Go home.
7. Look at the plane.
8. Stay at the office.
9. Don't be afraid of the dog.
10. Don't smoke.

KÜLTÜREL NOTLAR

Evlilik

As in all cultures, marriage, *evlilik*, is an important part of family life in Turkey. Generally there are three stages in the marriage process, *sözlü*, *nişanlı* and *evli*, and rings are exchanged at each step.

Sözlü, meaning 'promised,' is a courtship stage. Intentions for marriage have been expressed and the families have consented to the couple's spending time together, traditionally with a chaperone. In urban communities romance and dating follow western customs, however in more conservative circles young men and women would not be allowed to meet freely. The *sözlü* stage allows them to get to know each other a little better.

Nişanlı means 'engaged.' The aspiring groom and his family go to the woman's family to formally ask for her hand in marriage. The potential bride will make Turkish coffee and serve it to her suitor. If she wishes to accept the proposal she adds sugar to his coffee. If not, she adds salt. Once the proposal has been accepted an engagement ceremony is performed. The couple puts on rings tied together with ribbon. Once the ribbon is cut by one of the elders the couple is officially engaged.

The night before the wedding, a party called *kına gecesi*, 'henna night,' is thrown for the bride. It is intended for women only. The bride's face is covered with a red veil and the women will sing melancholy songs in an attempt to make the bride cry. It is believed that her crying will bring good luck. The future mother-in-law will place a gold coin in the bride's hand as a symbol of good luck and abundance. Henna is applied to the bride's hands by a woman who is known to have a happy marriage. Henna is also applied to the bride's unmarried friends' hands in the belief that it will enable them to marry soon as well.

Evli means 'married.' All weddings in Turkey involve civil ceremonies conducted by local officials. This ceremony is called *nikah*. It is possible to have a religious ceremony but it is the civil one that is recognized by the state. The celebration after the ceremony is referred to as *düğün*. Gold coins and jewelry are common gifts at weddings. It is also customary for guests to give gifts of money and to pin cash onto the bride and groom's clothes. The wedding is paid for by the groom's family.

Newlywed couples usually move into homes of their own. Traditionally the bride brings a dowry chest filled with household items. The bride's family is expected to pay for bedroom furniture and often supplies items such as appliances.

ÜNİTE 10

İYELİK EKLERİ : -im, -in, -(s)i, -imiz, -iniz, -leri
(Possessive Suffixes)

SESSİZ HARFTEN SONRA
(When the last letter is a consonant)

a, ı		e, i		o, u		ö, ü	
	-ım		-im		-um		-üm
	-ın		-in		-un		-ün
	-ı		-i		-u		-ü
	-ımız		-imiz		-umuz		-ümüz
	-ınız		-iniz		-unuz		-ünüz
	-ları		-leri		-ları		-leri

Benim	adım	evim	okulum	gözüm
Senin	adın	evin	okulun	gözün
Onun	adı	evi	okulu	gözü
Bizim	adımız	evimiz	okulumuz	gözümüz
Sizin	adınız	eviniz	okulunuz	gözünüz
Onların	adları	evleri	okulları	gözleri

SESLİ HARFTEN SONRA
(When the last letter is a vowel)

a, ı		e, i		o, u		ö, ü	
	-m		-m		-m		-m
	-n		-n		-n		-n
	-sı[18]		-si		-su		-sü
	-mız		-miz		-muz		-müz
	-nız		-niz		-nuz		-nüz
	-ları		-leri		-ları		-leri

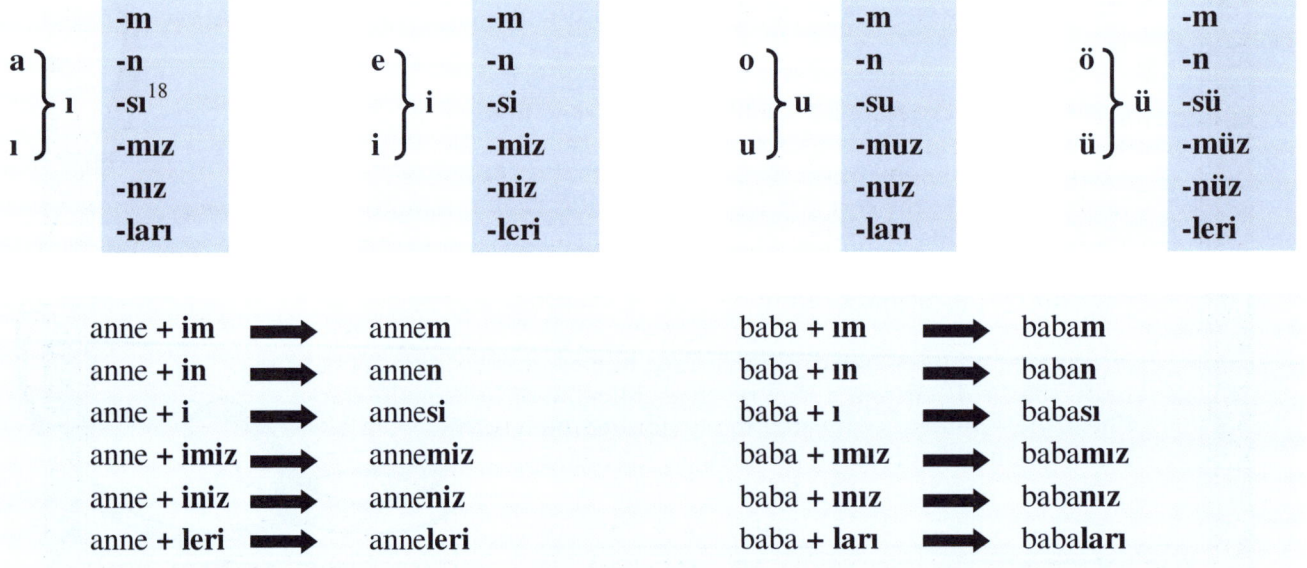

anne + im →	annem		baba + ım →	babam
anne + in →	annen		baba + ın →	baban
anne + i →	annesi		baba + ı →	babası
anne + imiz →	annemiz		baba + ımız →	babamız
anne + iniz →	anneniz		baba + ınız →	babanız
anne + leri →	anneleri		baba + ları →	babaları

---

[18] Note that for the third person singular, when the last letter of the noun is a vowel, *s* is included in the suffix as a buffer between the two vowels.

p ç t k + vowel ➡ b c d g-ğ

gözlük + **üm**	gözlü**ğüm**	dolap + **ım**	dola**bım**
gözlük + **ün**	gözlü**ğün**	dolap + **ın**	dola**bın**
gözlük + **ü**	gözlü**ğü**	dolap + **ı**	dola**bı**
gözlük + **ümüz**	gözlü**ğümüz**	dolap + **ımız**	dola**bımız**
gözlük + **ünüz**	gözlü**ğünüz**	dolap + **ınız**	dola**bınız**
gözlük + **leri**	gözlük**leri**	dolap + **ları**	dolap**ları**

SINIF ÇALIŞMASI

1. Benim abi_____
   Senin abi_____
   Onun abi_____
   Bizim abi_____
   Sizin abi_____
   Onların abi_____

2. Benim abla_____
   Senin abla_____
   Onun abla_____
   Bizim abla_____
   Sizin abla_____
   Onların abla_____

3. Benim kardeş_____
   Senin kardeş_____
   Onun kardeş_____
   Bizim kardeş_____
   Sizin kardeş_____
   Onların kardeş_____

4. Benim iş_____
   Senin iş_____
   Onun iş_____
   Bizim iş_____
   Sizin iş_____
   Onların iş_____

5. Benim eş_____
   Senin eş_____
   Onun eş_____
   Bizim eş_____
   Sizin eş_____
   Onların eş_____

6. Benim bebek_____
   Senin bebek_____
   Onun bebek_____
   Bizim bebek_____
   Sizin bebek_____
   Onların bebek_____

7. Benim kitap_____
   Senin kitap_____
   Onun kitap_____
   Bizim kitap_____
   Sizin kitap_____
   Onların kitap_____

8. Benim kalem_____
   Senin kalem_____
   Onun kalem_____
   Bizim kalem_____
   Sizin kalem_____
   Onların kalem_____

9. Benim defter_____
   Senin defter_____
   Onun defter_____
   Bizim defter_____
   Sizin defter_____
   Onların defter_____

10. Benim el_____
    Senin el_____
    Onun el_____
    Bizim el_____
    Sizin el_____
    Onların el_____

11. Benim ayak_____
    Senin ayak_____
    Onun ayak_____
    Bizim ayak_____
    Sizin ayak_____
    Onların ayak_____

12. Benim baş_____
    Senin baş_____
    Onun baş_____
    Bizim baş_____
    Sizin baş_____
    Onların baş_____

13. Benim vize_____
    Senin vize_____
    Onun vize_____
    Bizim vize_____
    Sizin vize_____
    Onların vize_____

14. Benim pasaport_____
    Senin pasaport_____
    Onun pasaport_____
    Bizim pasaport_____
    Sizin pasaport_____
    Onların pasaport_____

15. Benim bilet_____
    Senin bilet_____
    Onun bilet_____
    Bizim bilet_____
    Sizin bilet_____
    Onların bilet_____

GRUP ÇALIŞMASI

1. (Sizin) ad_____ ne?

   (Benim) ad_____ Emre.

2. (Senin) Türkçe_____ nasıl?

   (Benim) Türkçe_____ iyi.

3. (Onun) araba_____ ne renk?

   (Onun) araba_____ kırmızı.

4. (Sizin) kardeş_____ öğrenci mi?

   Evet, (benim) kardeş_____ öğrenci.

5. (Sizin) ev_____ nerede?

   (Benim) ev_____ Çamlıca'da.

6. (Sizin) öğretmen_____ İstanbullu mu?

   Hayır, (bizim) öğretmen_____ İstanbullu değil.

7. (Senin) su[19]_____ nerede?

   (Benim) su_____ dolapta.

8. (Onun) anne_____ evde mi?

   Evet, (onun) anne_____ evde.

9. Necmi! Bu senin çay_____ mı?

   Evet, bu benim çay_____.

10. (Senin) dersler_____ nasıl?

    (Benim) dersler_____ fena değil.

11. (Onların) baba_____ Amerikalı mı?

    Evet, (onların) baba_____ Amerikalı.

12. (Senin) telefon numara_____ kaç?

    (Benim) telefon numara_____ 0532.555.5555.

---

[19] The word *su* (water) is an exception in the Turkish language. It receives the letter *y* as a buffer before a possessive suffix is added to the end. So one would say *suyum* (my water) not *sum*.

ÇOĞUL EKLERİ VE İYELİK EKLERİ (Plural suffixes + Possessive Suffixes)

noun + plural suffix + possessive suffix

Benim	arkadaşlarım		Benim	ödevlerim
Senin	arkadaşların		Senin	ödevlerin
Onun	arkadaşları		Onun	ödevleri
Bizim	arkadaşlarımız		Bizim	ödevlerimiz
Sizin	arkadaşlarınız		Sizin	ödevleriniz
Onların	arkadaşları		Onların	ödevleri

SINIF ÇALIŞMASI

1. (Benim) kitap _____ Türkçe.
2. (Sizin) göz _____ mavi renk.
3. (Sizin) ders _____ nasıl gidiyor?
4. (Bizim) yemek _____ lezzetli.
5. (Sizin) akraba _____ Türkiye'de yaşıyor.
6. (Onların) fikir _____ çok enteresan.
7. (Benim) kuzen _____ İngilizce biliyor.
8. (Onun) elbise _____ dolapta.
9. (Benim) saç _____ uzun.
10. (Onların) ayakkabı _____ yeni.

İYELİK EKLERİ VE BULUNMA HAL EKLERİ
(Possessive Suffixes + Locative Suffixes)

noun + possessive suffix + -da/-de

Benim çantamda.	Arabamda.	Evimde.
Senin çantanda.	Arabanda.	Evinde.
Bizim çantamızda.	Arabamızda.	Evimizde.
Sizin çantanızda.	Arabanızda.	Evinizde.

SINIF ÇALIŞMASI

1. Anahtar nerede?
   Anahtar (benim) _____ (çanta)
2. Para nerede?
   Para (senin) _____ (cüzdan)
3. Dosya nerede?
   Dosya (sizin) _____ (bilgisayar)
4. Fotoğraflar nerede?
   Fotoğraflar (bizim) _____ (albüm)
5. Araba kimde?
   Araba (benim) _____ (eş)
6. Bilgisayar nerede?
   Bilgisayar (senin) _____ (oda)

(Benim) EVİM VAR *(I have a house)*

SINIF ÇALIŞMASI

(Benim) iki kızım var.

(Benim) uykum var.

1. (Senin) kitap _____ var.
2. (Onun) siyah saçlar _____ var.
3. (Onların) para _____ var.
4. (Benim) güzel bir ceket _____ var.
5. (Sizin) akvaryum_____ var.
6. (Bizim) iPad'_____ yok.

7. (Bizim) bir plan _____ yok.
8. (Benim) yarın iş _____ var.
9. (Bizim) üç çocuk _____ var.
10. (Onun) iki kardeş _____ var.
11. (Benim) bisiklet _____ var.
12. (Bizim) zaman _____ yok.

(Senin) köpeğin var mı?

(Onun) parası var mı?

1. (Senin) saat _____ var mı?
   _____
2. (Onun) kedi_____ var mı?
   _____
3. (Senin) gitar_____ var mı?
   _____
4. (Sizin) çay_____ var mı?
   _____
5. (Onun) çanta_____ var mı?
   _____

6. (Onların) ev _____ var mı?
   _____
7. (Senin) fazla kalem_____ var mı?
   _____
8. (Sizin) ödev _____ yok mu?
   _____
9. (Senin) bilgisayar _____ var mı?
   _____
10. (Onun) çocuk_____ var mı?
    _____

OKUMA - EVİM VE AİLEM

Benim adım, İsmail. Ben 18 yaşındayım, bir üniversitede öğrenciyim ve İstanbulluyum. Ben ve ailem İstanbul'da yaşıyoruz, Ortaköy'de bir apartmanda oturuyoruz. Dairemiz beşinci katta. Apartmanımızda asansör var. Evimiz dört oda bir salon ve çok güzel manzarası var. Benim de güzel bir odam var.

Benim annem öğretmen ve babam mimar. Onlar müstakil bir evde oturmak istiyorlar ama şimdi yeterli paraları yok. Bir kız ve bir erkek kardeşim var. Kız kardeşim ilkokula, erkek kardeşim ortaokula gidiyor. Üniversitem, evime yakın. Üniversitede çok arkadaşım var. Bazen bizde ders çalışıyoruz. Arkadaşlarım Türk ama Amerikalı ve Japon arkadaşlarım da var. Bu yaz İngilizce öğrenmek ve pratik yapmak için Amerika'ya gitmek istiyorum.

SINIF ÇALIŞMASI

1. İsmail nereli?

2. İsmail nerede oturuyor?

3. (Onun) üniversitesi eve yakın mı?

4. (Onun) kardeşi var mı? Kaç tane?

5. (Onun) yabancı arkadaşları var mı? Nereliler?

6. İsmail bu yaz nereye gitmek istiyor? Niçin?

KELİMELER

apartman	apartment building
kat	floor
mimar	architect
müstakil ev	private house
daire	apartment
asansör	elevator
salon	living room
manzara	view
yeterli	enough
ilkokul	primary school
ortaokul	middle school

BENİM DEĞİL - KALEMİM YOK
(This is not mine vs. I don't have ....)

Bu benim kalemim **değil**.
Bu senin kalemin **değil**.
Bu onun kalemi **değil**.
Bu bizim kalemimiz **değil**.
Bu sizin kaleminiz **değil**.
Bu onların kalemleri **değil**.

Benim kalemim **yok**.
Senin kalemin **yok**.
Onun kalemi **yok**.
Bizim kalemimiz **yok**.
Sizin kaleminiz **yok**.
Onların kalemleri **yok**.

*Bu ceket **benim değil**.*

*Ceket**im** yok.*

FAYDALI DEYİŞLER

Eline sağlık! Health to your hand! (Said to someone who has prepared a meal, or has done something that deserves gratitude.)

Afiyet olsun! Bon appetite! May it be to your health! (This can be said before or after a meal.)

ALIŞTIRMALAR

A. *Negate the following sentences.*

Bu kitap benim. → **Bu kitap benim değil.**

1. (Ben) Amerikalıyım. _____
2. (Benim) arabam var. _____
3. (Ben) Rusça biliyorum. _____
4. (Ben) Türk'üm. _____
5. Bu bir kitap. _____
6. Masada kitap var. _____

B. *Answer the following questions as both yes and no.*

1. Onlar senin arkadaşların mı?
   Evet, _____   Hayır, _____

2. Senin baban işte mi?
   Evet, _____   Hayır, _____

3. Onun Türkçesi iyi mi?
   Evet, _____   Hayır, _____

4. Sizin evinizde balkon var mı?
   Evet, _____   Hayır, _____

5. Bu senin araban mı?
   Evet, _____   Hayır, _____

C. *Fill in the blanks with the appropriate possessive suffix and translate.*

Ben / anne	**Benim annem**	**My mother**
1. O / baba	_____	_____
2. Siz / amca	_____	_____
3. Biz / dayı	_____	_____
4. Ben / teyze	_____	_____
5. Biz / hala	_____	_____
6. Ben / yeğen	_____	_____
7. O / karı	_____	_____
8. Siz / koca	_____	_____
9. O / eş	_____	_____

Ç. *Add the possessive suffix.*

Benim	gazete**m**	oda	kahve	komşu	para	şapka
Senin		oda**n**				
Onun			kahve**si**			
Bizim				komşu**muz**		
Sizin					para**nız**	
Onların						şapka**ları**

Benim	bilgisayar	öğretmen	anahtar	sınav	doktor	kuaför
Senin						
Onun						
Bizim						
Sizin						
Onların						

Benim	ağaç	armut	hesap	ayak	köpek	sözlük
Senin						
Onun						
Bizim						
Sizin						
Onların						

D. *Match* **the following words.**

1. Onun   a. ülkeleri
2. Bizim   b. ülkesi
3. Onların   c. ülkemiz
4. Benim   ç. ülken
5. Senin   d. ülkeniz
6. Sizin   e. ülkem

E. *Add 'var' or 'yok' according to your surroundings.*

		VAR - YOK			VAR - YOK
Sınıfımda	tahta	_____	Evimde	internet	_____
	dolap	_____		garaj	_____
	projektör	_____		köpek	_____
	bilgisayar	_____		bahçe	_____
	televizyon	_____		havuz	_____
	kitaplar	_____		televizyon	_____
	çay	_____		iki banyo	_____
	semaver	_____		çocuk odası	_____

F. *Translate following sentences into Turkish.*

I don't have money. (now / at the moment) _____

I don't have money. (I am broke.) _____

I don't have a car. (now / at the moment) _____

I don't have a car. (I don't own a car.) _____

G. *Translate into English.*

Merhaba, benim adım Sinan Akdeniz. (Ben) Antalyalıyım. (Ben) rehberim. Kışın çok işim yok ama yazın çok meşgul oluyorum. İngilizce, Arapça ve Rusça biliyorum. Eşim Amerikalı, (onun) adı Rita. Antalya'ya en çok turist Almanya'dan ve Rusya'dan geliyor. İngiliz ve Amerikalı turistler de var. İşlerim çok iyi. Çok yabancı arkadaşım var. Onlara her zaman e-posta yazıyorum. Onlar da bana yazıyorlar.

_____

_____

_____

_____

ÜNİTE 11

BELİRTME HAL EKLERİ *(The Definite Suffixes, Accustive Case)*
NEYİ? y(-ı, -i, -u, -ü)

Nouns that are definite or particular direct objects take an accusative suffix. Nouns ending in a consonant take the suffix *-ı, -i, -u* or *-ü* according to the rules of vowel harmony. If the noun ends in a vowel, the buffer letter *y* is placed before the suffix. These suffixes often denote that the object is specific, similar to the English definite article 'the.' As with possessive suffixes, the letters *p, ç, t* or *k* at the end of the noun will change to *b, c, d* and *ğ*.

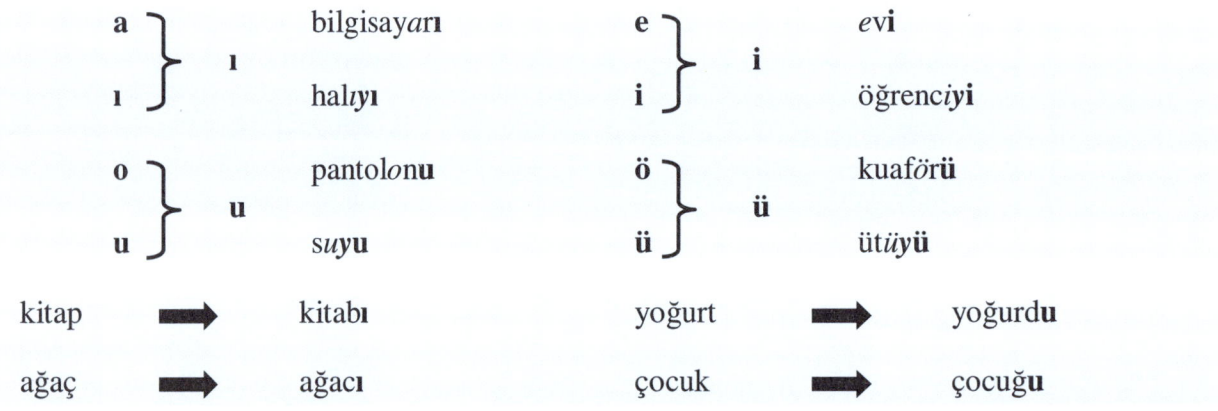

kitap → kitabı		yoğurt → yoğurdu
ağaç → ağacı		çocuk → çocuğu

İstanbul'**u** seviyorum.

SINIF ÇALIŞMASI

1. Ev_____ temizliyorum.
2. Bu çay_____ istiyorum!
3. O kitap_____ okuyor musunuz?
4. Lütfen kapı_____ aç.
5. Çiçekler_____ suluyor musun?
6. Hesap_____ ödüyorum.
7. Televizyon_____ kapat!
8. Şu araba_____ görüyor musun?
9. Lütfen salata_____ ver.
10. Tahta_____ sil lütfen.
11. Anahtar_____ arıyorum.
12. Bilgisayar_____ tamir ediyorum.

KİMİ?

Ben**i**[20]	Hasan'**ı**
Sen**i**	Salih'**i**
On**u**	Emre'**yi**
Biz**i**	Rana'**yı**
Siz**i**	Hüsnü'**yü**
Onlar**ı**	Ebru'**yu**

Sen**i** seviyorum.

Mevlana'**yı** biliyorum.

SINIF ÇALIŞMASI

1. Barış'_____ seviyorum.
2. Biz_____ bekliyor musunuz?
3. Onlar_____ dinliyor musunuz?
4. Hüseyin Bey'_____ arıyorum.
5. Partiye Kerem'_____ de davet ediyoruz.
6. Sen_____ kıskanıyorum.
7. Bazen Kenan'_____ sokakta görüyorum.
8. O_____ hatırlıyorum.
9. Ben_____ affediyor musun?
10. Veysel'_____ anlıyor musunuz?
11. Tarkan'_____ tanıyor musun?
12. Selma'_____ biliyorum.
13. Siz_____ Türkiye'ye götürüyorum.
14. Zeki'_____ çok özlüyorum.

---

[20] Personal pronouns also take accusative suffixes when they serve as direct objects. Note that for the third person singular *o*, the buffer letter *n* comes before the accusative suffix.

NEYİ?

Selçuk, arabayı yıkıyor.

Annesi, bebeği öpüyor.

GRUP ÇALIŞMASI

1. Engin, neyi siliyor?
   Engin, _____ siliyor. (masa)

2. Abim, neyi ödüyor?
   Abim, _____ ödüyor. (hesap)

3. Bahar neyi kapatıyor?
   Bahar, _____ kapatıyor. (televizyon)

4. Esra, neyi seviyor?
   Esra, _____ seviyor. (elma)

5. Kuzenim, neyi okuyor?
   Kuzenim, _____ okuyor. (dergi)

6. Annem, neyi taşıyor?
   Annem, _____ taşıyor. (çanta)

7. Levent, neyi boyuyor?
   Levent, _____ boyuyor. (duvar)

8. Gülçin, kimi seviyor?
   Gülçin, _____ seviyor. (Metin)

9. Kerim, neyi açıyor?
   Kerim, _____ açıyor. (pencere)

10. Garson, neyi getiriyor?
    Garson, _____ getiriyor. (hesap)

11. Orhan, neyi bekliyor?
    Orhan, _____ bekliyor. (randevu)

12. Babam, neyi giyiyor?
    Babam, _____ giyiyor. (ceket)

BUNU ŞUNU ONU (Demonstrative Adjectives + Accusative Suffix)

bunu[21]	bunları
şunu	şunları
onu	onları

SINIF ÇALIŞMASI

Bu şarkıyı çok beğeniyorum.　　**Bunu** beğeniyorum.

1. Şu gömleği istiyorum.　　_____ istiyorum.

2. O parayı harcıyorum.　　_____ harcıyorum.

3. Bu kitabı okuyorum.　　_____ okuyorum.

4. Şu soruyu bilmiyorum.　　_____ bilmiyorum.

5. O adamları tanımıyorum.　　_____ tanımıyorum.

6. O bayanları hatırlıyorum.　　_____ hatırlıyorum.

ÇOGUL EKLERİ VE BELİRTME HAL EKLERİ
(Plural Suffixes + Accusative Case)

Çocuk-lar-ı seviyorum. (*I love kids.*)

SINIF ÇALIŞMASI

1. Elma_____ yiyorum.　　2. Ödev_____ yapıyorum.　　3. Soru_____ cevaplıyorum.

4. Çay_____ getiriyorum.　　5. Para_____ harcıyorum.　　6. Meyve_____ yıkıyorum.

7. Cevap_____ biliyorum.　　8. Fotoğraf_____ gösteriyoruz.　　9. Yumurta_____ pişiriyorum.

---

[21] The demonstrative pronouns have accusative forms as well.

GRUP ÇALIŞMASI

bilgisayarı, müziği, anahtarı, e-postayı, filmi, çöpü, kedileri, başkanı, uçağı, ödevi

1. _____ aç lütfen!
2. _____ yapıyorum.
3. _____ arıyorum.
4. _____ seyret!
5. _____ bekliyorlar.
6. _____ tanıyorum.
7. _____ bana da gönder!
8. _____ çok seviyorum.
9. _____ dinliyorum.
10. _____ at lütfen!

İYELİK EKLERİ VE BELİRTME HAL EKLERİ
(Possessive Suffixes + Accusative Case)

Anne-m-i seviyorum. (*I love my mother.*)

1. (Benim) baba_____ seviyorum.
2. (Benim) araba_____ temizliyorum.
3. (Benim) ödev_____ yapıyorum.
4. (Senin) kardeş_____ tanıyorum.
5. (Senin) ad_____ hatırlamıyorum.
6. (Senin) yemekler_____ seviyorum.
7. (Benim) çanta_____ arıyorum.
8. (Benim) çay_____ içiyorum.
9. (Senin) kitap_____ okuyorum.
10. (Benim) Türkçe_____ geliştiriyorum.

DİYALOG - PİKNİĞE DAVET

Hasan: Merhaba İrfan. Naber?

İrfan: İyilik, senden naber?

Hasan: Ben de iyiyim. Sağ ol. Yarın için bir planın var mı?

İrfan: Hayır, yok! Evdeyim. Niçin soruyorsun?

Hasan: Yarın ben ve arkadaşlar Büyükada'ya pikniğe gidiyoruz. Sen de gelmek istiyor musun?

İrfan: Büyükada'ya mı? Tabi, istiyorum! Piknikleri çok seviyorum. Saat kaçta ve nerede buluşuyoruz?

Hasan: Saat sabah 8'de iskelede buluşuyoruz. Kardeşin Tufan nasıl? Onu da getir!

İrfan: İyi fikir! Tamam! Başka kimler geliyor?

Hasan: Okuldan ve mahalleden arkadaşlarım geliyorlar. Sen onları tanımıyorsun ama biliyorsun.

İrfan: Tamam! Problem değil. Onları tanımak istiyorum. Piknik için bir şey lazım mı?

Hasan: Mangal ve kömür lazım. Sizde var mı?

İrfan: Evet, bizde var. Mangalı ve kömürü ben getiriyorum.

Hasan: Harika o zaman! Yarın sabah iskelede buluşuyoruz.

İrfan: Tamam, görüşürüz.

KELİMELER

buluşmak	get together
fikir	idea
tanımak	be acquainted
lazım	necessary, needed
mangal	barbecue
kömür	charcoal
getirmek	bring
o zaman	in that case

GRUP ÇALIŞMASI

1. Hasan ve arkadaşları yarın nereye gidiyor?

2. İrfan piknik için ne getiriyor?

3. Nerede ve saat kaçta buluşuyorlar?

4. Pikniğe Tufan da gidiyor mu?

İMLA *(Dictation)*

Cover the following text. After taking dictation compare what you have written to the original text.

Bugün pazartesi. Akşam Türkçe dersim var. Her pazartesi Türkçe öğreniyorum ve Türkçe'yi çok seviyorum. Sınıfımda altı kişiyiz. Herkes Türkçe'yi daha güzel konuşmak istiyor. Çünkü herkes Türkiye'ye gidiyor. Ben de her yaz Türkiye'ye gidiyorum ve orada çok hoş vakit geçiriyorum. Orada çok arkadaşım var. Bana sık sık e-posta yazıyorlar, ben de onlara yazıyorum.

FAYDALI DEYİŞLER

Hayırlı işler!	This expression is used when wishing someone a good day at work. *İyi işler!* can also be used.
Allahaısmarladık!	Goodbye! (Said by the person leaving.) The appropriate response is *Güle güle*.

ALIŞTIRMALAR

A. *Fill in the blanks using the definite suffix (-ı, -i, -u, -ü) and translate into English.*

1. Bu yaz Türkiye'_____ ziyaret ediyoruz. _____
2. Hangi diller_____ konuşuyorsun? _____
3. Şu araba_____ görüyor musun? _____
4. Ödevler_____ yapıyor musun? _____
5. Hangi şarkı_____ dinlemek istiyorsun? _____
6. Bu adres_____ biliyor musun? _____
7. O hanım_____ tanımıyorum. _____
8. O pencere_____ değil, bu_____ aç lütfen! _____
9. Her ay faturalar_____ ödüyorum. _____
10. Ben şimdi bu kitap_____ okuyorum. _____
11. Türkiye'_____ görmek istiyoruz. _____
12. Tiyatro_____ arıyorum. _____
13. Çiçekler_____ seviyorum. _____
14. Futbolcular_____ herkes tanıyor. _____
15. Şu mavi otobüs_____ bekliyorum. _____

B. *Translate the following sentences into English.*

1. Araba kullan. _____
   Arabayı kullan. _____
2. Film seyret. _____
   Filmi seyret. _____
3. Beyaz bluz giy. _____
   Beyaz bluzu giy. _____
4. Kahve iç. _____
   Kahveyi iç. _____

C. *Translate the following sentences into Turkish.*

1. I know him. _____
2. Do you know her? _____
3. I don't like Ankara. _____
4. I miss you so much. _____
5. Take those books. _____
6. Ayhan is reading the newspaper. _____
7. I want to buy this shirt. _____
8. Do you want this? _____
9. I want that. _____

Ç. Insert the indicated pronouns.

Annem **beni** bekliyor. (me)

1. Annem _____ bekliyor. (her)
2. Annem _____ bekliyor. (us)
3. Annem _____ bekliyor. (them)
4. Annem _____ bekliyor. (my father)
5. Annem _____ bekliyor. (this)
6. Annem _____ bekliyor. (the movie)
7. Annem _____ bekliyor. (it)
8. Annem _____ bekliyor. (you/singular)
9. Annem _____ bekliyor. (my sister)
10. Annem _____ bekliyor. (my teacher)

D. Match the questions and answers.

1. Adınız ne? ____
2. Ne öğreniyorsunuz? ____
3. Evde ekmek var mı? ____
4. Ne iş yapıyorsunuz? ____
5. Nerede oturuyorsunuz? ____
6. Nereden geliyorsunuz? ____
7. Saat kaçta? ____
8. Gazeteyi kim okuyor? ____
9. Para kimde? ____
10. Nerelisiniz? ____
11. Kaç lira? ____
12. Hangi dilleri biliyorsunuz? ____
13. Evli misiniz? ____
14. Evde mi? ____

a. Öğrenciyim.
b. Para Hakan'da.
c. Samsunluyum.
ç. Gazeteyi ben okuyorum.
d. Evet, evde.
e. 100 lira.
f. Hayır, evli değilim.
g. Ofisten geliyorum.
ğ. Bakırköy'de oturuyorum.
h. Türkçe ve İngilizce biliyorum.
ı. Türkçe öğreniyorum.
i. Adım Sema.
j. Saat 5'te.
k. Evde ekmek yok.

ÜNİTE 12

GENEL TEKRAR

A. *Form four questions from the picture.*

1. _____ ?
2. _____ ?
3. _____ ?
4. _____ ?

B. *Translate the following sentences into Turkish.*

1. Do you speak Turkish? _____
2. Yes, I know some Turkish. _____
3. Please repeat that! _____
4. My brother is a teacher. _____
5. I am from Los Angeles. _____

C. *Sepette neler var?*

Sepette _____
_____
_____
_____
_____ var.

Ç. *Please write the corresponding questions for the following answers.*

    Adım Esen.   **Adınız ne?**

1. İstanbulluyum. _____?
2. Taksim'de oturuyorum. _____?
3. İzmir'den geliyorum. _____?
4. Evet, evliyim. _____?
5. Hayır, Türk değilim. _____?
6. Ben bankacıyım. _____?
7. Evet, Türkçe pratik yapıyorum. _____?
8. Evet, işim var. _____?

D. *Please fill in the blanks with the appropriate question suffixes to form 'or' questions and translate.*

    Bu çay mı, kahve **mi**?   Is this tea or coffee?

a. Hava sıcak mı, soğuk _____? _____?
b. Araban garajda mı, yolda _____? _____?
c. Şimdi evde misin, okulda _____? _____?
ç. Ödevleriniz zor mu, kolay _____? _____?
d. Evin uzak mı, yakın _____? _____?

E. *Write the following numbers in Turkish.*

    59: **Elli dokuz.**

a. 25 _____   b. 1011 _____   c. 555 _____
ç. 216 _____   d. 2012 _____   e. 532 _____

F. *Please answer the questions using the provided verbs.*

    Anneniz ne yapıyor? (cook)   **Annem yemek yapıyor.**

a. Ne yapıyorsun? (study Turkish) _____
b. Tuncay ne yapıyor? (write a book) _____
c. Kardeşlerin ne yapıyorlar? (sleep) _____
ç. Melih ne yapıyor? (read a book) _____
d. O ne yapıyor? (work) _____

G. *Negate the following sentences.*

Hafta sonu pikniğe gidiyoruz.   **Hafta sonu pikniğe gitmiyoruz.**

1. Ders çalışıyorum. _____
2. Kardeşim İstanbul'da yaşıyor. _____
3. Çince biliyorum. _____
4. Ben Türk'üm. _____
5. Arabam var. _____
6. Bu bir kitap. _____

Ğ. *Please translate into Turkish.*

Don't go. **Gitme**.

1. Don't do it. _____
2. Don't buy it. _____
3. Please give it. _____
4. one and a half hour _____
5. three people _____
6. a red apple _____
7. Don't drink it. _____
8. Please don't laugh. _____
9. Please come. _____
10. ten cups _____
11. a yellow car _____
12. an old tree _____

H. *Please choose the noun that is most appropriate for each adjective.*

Kısa (film, numara, para)   **Kısa film.**

a. Beyaz (çay, elma, at) _____
b. Açık (kapı, su, ekmek) _____
c. Genç (fotoğraf, adam, yemek) _____
ç. Yarım (cüzdan, saat, sinema) _____
d. Taze (e-posta, koltuk, ekmek) _____

I. *Fill in the blanks with the appropriate case ending. (-e,-a; -de,- da,- te,- ta; -den -dan -ten, -tan; -ı, -i, -u, -ü)*

1. Masa_____ kalem var.
2. Otobüs_____ iniyorum.
3. Mehmet, Ayşe'_____ yardım ediyor.
4. Çay_____ çok seviyorum.
5. Ders_____ sonra eve gidiyorum.

6. Köpek_____ korkuyorum.

7. Türkiye'_____ gidiyorum.

8. Akşam saat 6'da ofis_____ çıkıyorum.

9. John, Manhattan'_____ oturuyor.

10. Mustafa'_____ kalem var.

11. Kim_____ arıyorsunuz?

12. Kapı_____ aç.

13. Kapı_____ bak lütfen.

14. Her sabah saat 7'_____ kalkıyorum.

15. Çiçekler_____ su veriyorum.

İ. *Please conjugate the verb 'bilmek' in the present progressive tense for positive, negative and question forms.*

olumlu	olumsuz	soru
Ben bil _____	_____	_____ ?
Sen bil _____	_____	_____ ?
O bil _____	_____	_____ ?
Biz bil _____	_____	_____ ?
Siz bil _____	_____	_____ ?
Onlar bil _____	_____	_____ ?

J. *Fill in the blanks using possessive suffixes.*

Benim	el_____	kahve_____	oda_____	süt_____	kız_____
Senin					
Onun					
Bizim					
Sizin					
Onların					

K. *Fill in the blanks using personal endings.*

Ben iyi____	yorgun____	evli____	____ değil____
Sen iyi____			
O iyi____			
Biz iyi____			
Siz iyi____			
Onlar iyi____			

L. *Please translate the following paragraph into Turkish.*

Hello, my name is Selma. I work for a bank. I am a bank employee. I am from Sakarya and I live in Sakarya. I speak some English. I have an elder brother and an elder sister. My husband is a teacher in a school. He teaches mathematics. He doesn't work on the weekends, but I do. We have two children. My mother takes care of them. My mother loves them very much. My father works too. He is a doctor. We have a big house and we live together in this house.

_____

_____

_____

_____

_____

_____

M. *Rearrange the words in the appropriate order.*

1. günü – pazar – sabah – saat – var – kahvaltı – 10'da
_____

2. değil – John Bey – şimdi – Amerika'da – o – İstanbul'da
_____

3. Perihan Hanım – çalışıyor – bankada – bir
_____

4. Kadriye Hanım – bir – yeni – yazıyor – kitap
_____

5. Nicole – çok – soruyor – soru – öğretmene
_____

6. Saat – 8'de – var – film – bir – güzel
_____

SÖZLÜK
(Dictionary)

A

abi	elder brother
abla	elder sister
aç	hungry
açık	open
ad	name
adalet	justice
adam	man
adres	address
ağaç	tree
ağustos	August
aile	family
akraba	relative (family)
akşam	evening
aktör	actor
akvaryum	aquarium
alıştırma	exercise
alışveriş	shopping
amca	paternal uncle
anahtar	key
anne	mother
antik	ancient
antre	entrance, doorway
apartman	apartment building
araba	car
arkadaş	friend
armut	pear
asansör	elevator
asker	soldier
aslan	lion
aş	food
aşk	love
at	horse
Avrupa	Europe
avukat	lawyer, attorney
ay	month, moon
ayak	foot
ayakkabı	shoe
Ayasofya	Hagia Sophia
aynı	same
ayran	yogurt drink
az	few, little

B

baba	dad
bahçe	garden, yard
bakkal	convenience store
balık	fish
balıkçı	fisherman
balkon	balcony
balon	balloon, bubble
banka	bank
bankacı	bank employee
banyo	bathroom
bardak	glass
baş	head
başka	other, another, different
başkan	leader, head, chief
başlangıç	beginning, start
bayan	lady
bayram	holiday
bazen	sometimes
bebek	baby
bekar	bachelor
beraber	together
bilet	ticket
bilgisayar	computer
biraz	a little
biraz sonra	a little later
bisiklet	bicycle
bluz	blouse
boş	empty
boya	paint
bu akşam	this evening
bugün	today
bulaşık	dirty dishes
buzdolabı	refrigerator
büro	office
büyük	big

C

cami	mosque
ceket	jacket, blazer
cep	pocket
cezve	Turkish coffee pot
cüzdan	wallet, purse

Ç

çalışkan	diligent, hardworking
çanta	bag, briefcase
çatı	roof
çay	tea
çaycı	tea maker or seller
çaydanlık	teapot
çekyat	couch bed
çevreci	environmentalist
çiçek	flower
çocuk	child
çocuk odası	child's room
çok	many, much, very

çorba	soup
çöp	garbage
çünkü	because

D

daire	apartment unit
damat	groom
dayı	maternal uncle
defter	notebook
değil	not
deniz	sea
dergi	magazine
ders	class
deve	camel
dışarı	outside
dil	language, tongue
diş	tooth
dişçi	dentist
dizi film	television series
doğru	correct, straight
doktor	doctor
dolap	cupboard
dolmuş	shared taxi
dolu	full
dondurma	ice cream
dost	friend
dosya	file
döner kebap	meat on a spit
durak	bus stop
duvar	wall
düz	straight

E

eczane	pharmacy
eğlenceli	fun, entertaining
ehliyet	driver's license
ek	suffix, addition, appendix
ekmek	bread
ekşi	sour
el	hand
El Hamra Sarayı	Alhambra Palace
elbise	dress
elektrik	electric
elektronik eşya	electronic appliance
elma	apple
emekli	retired
emlak	real estate
enteresan	interesting
e-posta	e-mail
erkek	male, man
erken	early
eski	old (objects)
eş	spouse
eşofman	track suit
et	meat
etek	skirt
ev	house

ev hanımı	housewife
evli	married

F

fabrika	factory
fakir	poor
fare	mouse
fatura	bill
fena değil	not bad
fırça	brush
fikir	idea
fotoğraf	photograph
fotokopi	photocopy
futbol	soccer
futbolcu	soccer player

G

garaj	garage
gardırop	wardrobe
garson	waiter
gazete	newspaper
gazeteci	journalist, newspaper man
gece	night
gelecek	future
gelin	bride
gemi	ship
genç	young
genellikle	generally
gerçekten	really
gibi	like
gişe	ticket window
göl	lake
gömlek	shirt
göz	eye
gözlük	eyeglasses
gül	rose
gün	day
güzel	beautiful

H

haber	news
hafta sonu	weekend
hala	paternal aunt
halı	carpet
harita	map
hasta	sick, ill, patient
hastane	hospital
hava	weather
havuz	swimming pool
hediye	gift
hemşire	nurse
hepsi	all of
her	every
her akşam	every evening
her gün	every day
her sabah	every morning
her yıl	every year

her zaman	always
herkes	everyone
hesap	check, bill
heyecanlı	exciting
hızlı	fast
hizmet	service
hukuk	law

I
ızgara	grill

İ
ileri	advanced
ilkokul	primary school
ince	thin
inek	cow
insan	human
internet	internet
iskele	dock, pier
istasyon	station
iş	job, business, work
iş adamı	business man
işçi	worker
itfaiye	fire station
iyi	good

J
jet	jet
jilet	blade

K
kaç tane	how many
kadın	woman
kafe	cafe
kafein	caffeine
kafeterya	cafeteria
kahvaltı	breakfast
kahve	coffee
kahvehane	coffee house
kalabalık	crowd
kalem	pen
kalın	thick
kamera	movie camera
kamp	camp
kamyon	truck
kanguru	kangaroo
kanguru	kangaroo
kantin	dining hall, canteen
kapalı	closed, covered
Kapalıçarşı	Grand Bazaar
kapı	door
kaptan	captain
kardeş	sibling
karı	wife
karnaval	carnival
kart	card
kasap	butcher

kaşık	spoon
kat	floor
kayıt formu	application form
kazak	sweater
kebap	kebab
kedi	cat
kısa	short
kız	girl, daughter
kilim	woven rug
kilise	church
kim	who
kitap	book
koca	husband
koç	ram
kolay	easy
koltuk	chair
komşu	neighbor
konser	concert
konsolosluk	consulate
koridor	hallway
köfte	Turkish meatball
kök	root, stem
kömür	coal
köpek	dog
köprü	bridge
köşe	corner
kötü	bad
köy	village
kravat	tie
Kremlin Sarayı	Kremlin Palace
kuaför	hairdresser
kulak	ear
kurs	course
kuruş	Turkish cent
kuş	bird
kutu	box
kuyumcu	jeweler
kuzen	cousin
küçük	small, little
kütüphane	library

L
lastik	tire
lezzetli	delicious
limon	lemon
lobi	lobby
lokanta	restaurant
lütfen	please

M
maç	match, game
mağaza	department store
mahalle	neighborhood
manav	fruit seller, greengrocer
mangal	barbecue
manzara	view
market	market

masa	table
matematik	mathematics
mavi	blue
mektup	letter
memur	public servant, official
merdiven	stairs
merkez	center
meslek	occupation, profession
meşgul	busy
metro	subway
meyve	fruit
Mısır	Egypt
millet	nation
mimar	architect
minibüs	minibus
misafir	guest
mobilya	furniture
mont	casual jacket
motosiklet	motorcycle
muhasebe	accounting
mutfak	kitchen
mutlu	happy
mühendis	engineer
müstakil ev	private house
müze	museum
müzik	music
müzisyen	musician

N

nargile	hookah
ne	what
ne kadar	how much
ne zaman	when
neden	why
nerede	where
nereden	from where
niçin	why
niye	why

O

ocak	stove
oda	room
ofis	office
okul	school
orta	middle
ortaokul	middle school
otel	hotel
otobüs	bus
otogar	bus terminal
oturma odası	sitting room, family room

Ö

ödev	homework
öğle yemeği	lunch
öğrenci	student
öğretmen	teacher, instructor
ördek	duck
örümcek	spider
Özgürlük Heykeli	Statue of Liberty

P

pahalı	expensive
palyaço	clown
pansiyon	pension, hostel
pantolon	trousers, pants
para	money
park	park
parti	party
pasaport	passport
pasta	cake
patates	potato
pazar	bazaar, street market
pembe	pink
pencere	window
perde	curtain
peynir	cheese
piknik	picnic
piramit	pyramid
Pisa Kulesi	Tower of Pisa
piyano	piano
plaj	beach
plan	plan
polis	police
politika	politics
posta	mail
poşet	pouch, bag
projektör	projector

R

radyo	radio
rahat	comfortable
randevu	appointment
rehber	guide
renk	color
resepsiyonist	receptionist
resim	picture

S

saat	hour, time
sabah	morning
saç	hair
sağ	right, healthy, alive
sağlıklı	healthy, healthful
salata	salad
salon	living room, salon
sandalye	chair
sarı	yellow
sayfa	page
sayı	number
sebze	vegetable
sekreter	secretary
selamlaşma	greeting
semaver	tea urn
seminer	seminar

seviye	level, degree
sıcak	hot
sık sık	often
sınav	exam
sınıf	classroom, grade
simitçi	simit seller
sinema	movie theatre
siyah	black
soğuk	cold
sokak	street
sol	left
soru	question
soyad	surname
sözlük	dictionary
spor	sport, exercise
su	water
suç	guilt, wrongdoing

Ş

şal	scarf
şanslı	lucky, fortunate
şapka	hat
şarkı	song
şarkıcı	singer
şeker	sugar, candy
şemsiye	umbrella
şimdi	now
şişman	fat
şoför	driver

T

tabak	plate
tahta	wood, blackboard
taksi	taxi
takvim	calendar
tamir	repair
tanışma	introduction
tarihi	historic
tatil	vacation
tatlı	sweet, dessert
tavuk	chicken
taze	fresh
tekrar	again
telefon	telephone
televizyon	television
tembel	lazy
temiz	clean
temizlik	cleanness, cleaning
teneffüs	break
teras	terrace
terzi	tailor
teyze	maternal aunt
tişört	t-shirt
tiyatro	theater, playhouse
tok	full
top	ball
toplantı	meeting

tost	toasted sandwich
tramvay	street car
tren	train
turist	tourist
tuvalet	toilet
Türk	Turk, Turkish
Türkçe	Turkish language

U

ucuz	cheap
uzak	far
uzun	long, tall
uçak	plane
uyku	sleep

Ü

ülke	country
üniversite	college, university
ütü	iron
üzgün	sad
üzüm	grape

V

vapur	ferry
vazo	vase
veteriner	veterinarian
vitamin	vitamin
vitrin	shop window
vize	visa

Y

yabancı	foreigner, stranger
yakın	close, near
yanlış	wrong, false, error
yarım	half
yarın	tomorrow
yastık	pillow, cushion
yatak	bed
yatak odası	bedroom
yavaş	slow
yaz	summer
yeğen	nephew, niece
yemek	food
yemekhane	dining hall
yeni	new
yer	place, ground
yeterli	enough
yıl	year
yoğurt	yogurt
yol	road
yorgun	tired
yönetici	manager, director
yumurta	egg
yurt	dormitory

Z

zaman	time
zayıf	thin, skinny
zeki	smart, clever
zengin	rich, wealthy
zeytin	olive
zor	difficult, hard

FİİLLER SÖZLÜĞÜ
(Verb Dictionary)

A

-i açmak	open, turn on
-i affetmek	forgive
-i -den almak	take, receive
-i anlamak	understand
-i -e anlatmak	explain
araba kullanmak	drive (car)
-i aramak	search, look for, call
-i atmak	throw

B

-e bakmak	look at, look after
-e başlamak	start, begin
-i beklemek	wait, expect
-i bilmek	know
-e binmek	get on, board, ride
bitmek	finish, end
-i boyamak	paint
buluşmak	meet

C

-i cevaplamak	answer, reply, respond

Ç

çalışmak	work
-i çalmak	play (instrument)
-den çıkmak	leave, exit

D

dans etmek	dance
-i davet etmek	invite
-i dinlemek	listen to
dinlenmek	rest
diş fırçalamak	brush teeth
-e, -den dönmek	turn, return
durmak	stop

E

eğlenmek	have fun
etmek	do
evde olmak	be at home
evlenmek	marry

G

-e geç kalmak	to be late
-i geliştirmek	improve, develop
-e, -den gelmek	come
-i getirmek	bring
-i, -de gezmek	walk around, wander
-e, -den gitmek	go, leave
-i giymek	dress, wear
-i göndermek	send
-i görmek	see
-i göstermek	show
-i götürmek	take away
-e gülmek	laugh
güneşlenmek	sunbathe

H

-i harcamak	spend
-i hatırlamak	remember
-den hoşlanmak	like

I

ısınmak	get warmer

İ

-i içmek	drink
-i, -den istemek	want, ask

K

kalkmak	stand up, get up
kalmak	stay
-i kapatmak	close, turn off
kilo almak	put weight on
-i kıskanmak	be jealous of, envy
-e kızmak	get angry
konuşmak	speak, talk
-den korkmak	be afraid
-e koşmak	run
-e koymak	place, put
-i kullanmak	use

M

makyaj yapmak	apply makeup
müzik yapmak	make music

O

-i, -den okumak	read, study
olmak	be
oturmak	sit, live
oynamak	play

Ö

-i ödemek	pay
-i öğrenmek	learn
-i öğretmek	teach
-i öpmek	kiss
-i özlemek	miss (emotionally)

P

-i -e park etmek	park
pazarlık yapmak	bargain
piknik yapmak	have a picnic

-i pişirmek	cook
pratik yapmak	practice

S

sağlıklı olmak	be healthy
-e selam vermek	greet
-i sevmek	love
sigara içmek	smoke
-i silmek	wipe, erase
soğumak	get colder
-i -e sormak	ask
-e söylemek	tell, say
spor yapmak	play sports
-i sulamak	water
-i sürmek	drive, steer

Ş

şarkı söylemek	sing

T

-i tamir etmek	repair, fix
-i tanımak	know someone, recognize
-i taşımak	carry
tatil yapmak	be on vacation
tatile çıkmak	go on a vacation
-i tatmak	taste
-e telefon etmek	telephone, call
-i temizlemek	clean
-e teşekkür etmek	thank

U

uyanmak	wake up
uyumak	sleep

Ü

üşümek	be cold

V

-den vazgeçmek	give up
-e -i vermek	give

Y

-c yalan söylemek	tell a lie
-i yapmak	make, do
-e yardım etmek	help, aid, assist
yaşamak	live
yatmak	go to bed, lie down
-i yazmak	write
-i yemek	food, eat
-i yıkamak	wash
yüzmek	swim

Z

-i ziyaret etmek	visit

ORTAK KELİMELER
(Turkish - English Cognate Words)

A

adres	address
Ağustos	August
akademi	academy
aktif	active
aktivite	activity
aktör	actor
alarm	alarm
alfabe	alphabet
alkol	alcohol
alternatif	alternative
ambargo	embargo
ambulans	ambulance
anatomi	anatomy
antik	antique
arkeoloji	archaeology
astronot	astronaut
atmosfer	atmosphere

B

bagaj	baggage
balkon	balcony
banka	bank
basketbol	basketball
biyoloji	biology
bisiklet	bicycle
bisküvi	biscuit
bluz	blouse
bomba	bomb
botanik	botany
boykot	boycott
büfe	buffet
buket	bouquet
bulvar	boulevard
bürokrasi	bureaucracy

C

ceket	jacket

Ç

çikolata	chocolate

D

dans	dance
demokrasi	democracy
diktatör	dictator
diploma	diploma
doktor	doctor
doküman	document

E

ekonomi	economy
elektrik	electricity
enerji	energy
enstitü	institute

F

fakülte	faculty
festival	festival
film	film
final	final
fizik	physics
fotoğraf	photograph
futbol	football

G

garaj	garage
gramer	grammar
grup	group

H

hamburger	hamburger

İ

ideal	ideal
internet	internet
istasyon	station

J

jüri	jury

K

kafe	cafe
kakao	cocoa
kaktüs	cactus
kanal	channel
kaptan	captain
kampanya	campaign
kanser	cancer
kariyer	career
kilometre	kilometer
klasik	classic
kulüp	club
komedi	comedy
komünizm	communism
konferans	conference
konser	concert
konsolos	consul
kontrat	contract
kredi	credit
krema	cream

kristal	crystal
kuaför	coiffeur
kurs	course

L

lamba	lamp
legal	legal
lider	leader
limon	lemon
limonata	lemonade
litre	liter
losyon	lotion

M

makina	machine
masaj	massage
materyal	material
medya	media
menü	menu
mesaj	message
metre	meter
milyon	million
model	model
müze	museum
müzik	music

N

negatif	negative
normal	normal
numara	number
nükleer	nuclear

O

ofis	office
opera	opera
orijinal	original
operasyon	operation
organizasyon	organization
orkestra	orchestra
otel	hotel
otomobil	automobile

P

paket	packet
parfüm	perfume
park	park
parlamento	parliament
parti	party
pasaport	passport
patates	potato
pilot	pilot
piyano	piano
plan	plan
polis	police
politika	politics

popüler	popular
posta	post
potansiyel	potential
pozitif	positive
profesör	professor
proje	project
program	program
prosedür	procedure
psikoloji	psychology

R

radyo	radio
reform	reform
rejim	regime
rekor	record
restoran	restaurant
rezervasyon	reservation
roket	rocket
rol	role
romantik	romantic

S

salata	salad
sekreter	secretary
sembol	symbol
senfoni	symphony
sempozyum	symposium
seminer	seminar
servis	service
sigara	cigarette
sinema	cinema
sistem	system
skor	score
sosis	sausage
sosyal	social
spor	sport
stadyum	stadium
stres	stress
stüdyo	studio
sürpriz	surprise
şampiyon	champion
şampuan	shampoo
şort	shorts

T

taksi	taxi
tank	tank
teknoloji	technology
telefon	telephone
televizyon	television
tenis	tennis
terör	terror
tişört	t-shirt
tiyatro	theater

traktör	tractor
tren	train
turist	tourist
tuvalet	toilet
tünel	tunnel

Ü

üniversite	university

V

virüs	virus
vize	visa
volkan	volcano

Z

zebra	zebra

CEVAP ANAHTARI (Answers)

Ünite 1 (Page 20) ALIŞTIRMALAR A. 1. ı 2. h 3. c 4. b 5. ğ 6. ç 7. d 8. g 9. e 10. f 11. a **B.** 1. erkekler 2. ceketler 3. ayakkabılar 4. pantolonlar 5. gömlekler 6. kadınlar 7. etekler 8. bluzlar 9. şallar 10. çantalar 11. evler 12. koltuklar 13. kilimler 14. garajlar 15. bisikletler 16. bahçeler 17. ağaçlar 18. okullar 19. sınıflar 20. tahtalar 21. haritalar 22. projektörler 23. defterler 24. kitaplar 25. öğretmenler 26. öğrenciler 27. sözlükler 28. kapılar 29. pencereler 30. sorular

Ünite 2 (Page 28) ALIŞTIRMALAR A. 1. mı 2. mı 3. mi 4. mı 5. mü 6. mı 7. mi 8. mı **B.** 1. Bu ne? 2. Bu kim? 3. Onlar kim? 4. Bunlar ne? 5. Bu kim? **C.** 1. Evet, bu sandalye. 2. Evet, bu televizyon. 3. Hayır, bunlar gül değil. 4. Evet, onlar Türk. 5. Hayır, o öğrenci değil. **Ç.** 1 **D.** 2. Evet, orası oturma odası. 3. Hayır, orası antre değil. 4. Hayır, burası koridor değil. 5. Hayır, burası salon değil. 6. Evet, orası koridor. 7. Evet, burası çocuk odası. 8. Evet, burası banyo. 9. Evet, orası mutfak. 10. Hayır, orası oturma odası değil. **E.** 1. Bu bir kitap mı? 2. Mustafa terzi mi? 3. Bu çay mı? 4. Bu kamera mı? 5. David, Türk mü?

Ünite 3 (Page 37) ALIŞTIRMALAR A. 1. Hayır, Hindistan'da kanguru yok. 2. Hayır, Amerika'da deve yok. 3. Evet, İstanbul'da eski camiler var. 4. Evet, Afrika'da aslan var. 5. Evet, kahvede kafein var. 6. Evet, limonda vitamin var. 7. Evet, hesapta para var. / Hayır, hesapta para yok. 8. Evet, sınıfta televizyon var. / Hayır, sınıfta televizyon yok. 9. Evet, mutfakta buzdolabı var. **B.** 1. Tabakta zeytin var mı? 2. Hesapta para var mı? 3. Sınıfta televizyon var mı? 4. Kitapta fotoğraflar var mı? 5. Amerika'da kanguru var mı? **C.** 1. bende 2. bizde 3. onda 4. cüzdanda 5. masada 6. vapurda 7. dolapta 8. gazetede 9. İstanbul'da 10. Amerika'da 11. tabakta 12. uçakta 13. bilgisayarda 14. televizyonda 15. Mehmet'te **D.** 1. on/at the tree 2. in Los Angeles 3. I have (it) 4. at the stop 5. who has (it)? 6. at home 7. in the cabinet 8. Kaan has (it) 9. on the table 10. in the car.

Ünite 4 (Page 47) ALIŞTIRMALAR A. 1. Bu bilet pahalı mı, ucuz mu? 2. O otel temiz mi, kirli mi? 3. Kedi şişman mı, zayıf mı? 4. Kitaplar yeni mi, eski mi? 5. Yemek sıcak mı, değil mi? 6. Oda boş mu, dolu mu? 7. Otobüs var mı, yok mu? 8. O turist mi, değil mi? Mehmet hasta mı, iyi mi? Çocuklar evde mi, okulda mı? **B.** 1. There is a cat in the room. 2. Is there a television in the room? 3. I don't have Money. 4. Ayşe has the key. 5. The Pyramids are in Egypt. 6. The Grand Bazaar is in İstanbul. 7. What does 'bardak' mean? 8. He is not a teacher, he is a doctor. 9. Where is the bathroom? 10. Hello! Is Serap there? **C.** 1. Can, iyi. 2. Canan'da güzel kitap yok. 3. Evet, Serkan'da güzel bir kitap var. 4. Serkan tatilde. 5. Evet, çok güzel.

Ünite 5 (Page 57) ALIŞTIRMALAR A. 1. O 2. Biz 3. Ben **B.** 1. -sunuz 2. -lar 3. -uz **Ç.** 1. teşekkür etmiyorlar 2. bilmiyoruz 3. söylemiyorum 4. istemiyor **D.** yiyorum, yiyorsun, yiyor, yiyoruz, yiyorsunuz, yiyorlar; içiyorum, içiyorsun, içiyor, içiyoruz, içiyorsunuz, içiyorlar; konuşuyorum, konuşuyorsun, konuşuyor, konuşuyoruz, konuşuyorsunuz, konuşuyorlar; gidiyorum, gidiyorsun, gidiyor, gidiyoruz, gidiyorsunuz, gidiyorlar **E.** 1. Fotoğraf çekiyor. 2. Konuşuyorlar. 3. Bekliyor. 4. Koşuyorlar. 5. Simit satıyor. 6. Giyiyor. 7. Telefonda konuşuyor. 8. Tavla oynuyorlar. 9. Çay içiyor. 10 Gazete okuyor. 11. Dondurma yiyor. **F.** 1. Ben şimdi dinleniyorum. 2. Sen şimdi gazete okuyorsun. 3. O şimdi mektup yazıyor. 4. Biz şimdi ders çalışıyoruz. 5. Siz şimdi havuzda yüzüyorsunuz. 6. Onlar şimdi tenis oynuyorlar. 7. Ben her gün televizyon seyrediyorum. 8. Sen her sabah kahvaltıda çay içiyorsun. 9. O her yıl tatilde bu otelde kalıyor. 10. Biz her ay tiyatroya gidiyoruz. 11. Film bitiyor. 12. Onlar her sabah spor yapıyorlar. 13. Ben genellikle her sabah kahve içiyorum. 14. Sen sık sık sinemaya gidiyorsun. 15. O bazen yalan söylüyor. 16. Biz genellikle hafta sonunda evde kalıyoruz. 17. Siz her sabah bu kafeteryada kahvaltı yapıyorsunuz. 18. Onlar genellikle burada piknik yapıyorlar. 19. Ben yarın tatile çıkıyorum. 20. O gelecek ay evleniyor. **G.** kızmıyorum, kızmıyorsun, kızmıyor, kızmıyoruz, kızmıyorsunuz, kızmıyorlar; gitmiyorum, gitmiyorsun, gitmiyor, gitmiyoruz, gitmiyorsunuz, gitmiyorlar; sormuyorum, sormuyorsun, sormuyor, sormuyoruz, sormuyorsunuz, sormuyorlar; üşümüyorum, üşümüyorsun, üşümüyor, üşümüyoruz, üşümüyorsunuz, üşümüyorlar

Ünite 6 (Page 60) MİNİ TEST 1. istiyorum, istiyorsun, istiyor, istiyoruz, istiyorsunuz, istiyorlar 2. bilmiyorum, bilmiyorsun, bilmiyor, bilmiyoruz, bilmiyorsunuz, bilmiyorlar 3. Evet, bu kitapta resim var. / Hayır, bu kitapta resim yok. 4. Evet, sınıfta televizyon var. / Hayır, sınıfta televizyon var. 5. 'Bu güzel bir ev.' demek. 6. Uçak, *'airplane'* demek. 7. yeni, kapalı, küçük, zor, ucuz 8. geceler, günler, akşamlar, yumurtalar, hastaneler, kediler, öğrenciler, insanlar, aktörler 9. içmek, almak, okumak, beklemek, yemek, vermek, ders çalışmak, gitmek 10. sınıfta, hastanede, İstanbul'da, evde, yolda, Amerika'da, telefonda, arabada, Ali'de 11. tahta, kalem, masa, bilgisayar, projektör, kitap... 12. Evet, yemek lezzetli. / Hayır, yemek lezzetli değil. 13. Ben .....'da oturuyorum. 14. Hoş geldiniz, *'welcome'* demek. 15. Adım ..... 16. Adınız ne? Nasılsınız? Bu ne? Burası neresi? Afrika'da aslan var mı? 17. Bu doktor mu? Bu kapı mı? Bunlar öğrenci mi? Bunlar üzüm mü?

(Page 68) ALIŞTIRMALAR A. 1. konuşuyor muyum? Evet, konuşuyorsun. 2. alıyor musun? Hayır almıyorum. 3. uyuyor mu? Evet, uyuyor. 4. yiyor muyuz? Evet, yiyoruz. 5. kullanıyor musunuz? Hayır, kullanmıyoruz. 6. pişiriyorlar mı? Evet, pişiriyorlar. 7. seviyor mu? Evet, seviyor. 8. biliyor musunuz? Evet, biliyorum. 9. oynuyor musun? Evet, oynuyorum. 10. ders çalışıyor mu? Hayır, çalışmıyor. **B.** 1. bekliyor musun? / Beklemiyor musun? 2. okuyor mu? / Okumuyor mu? 3. ders çalışıyor musunuz? / çalışmıyor musunuz? 4. seyrediyorlar mı? / seyretmiyorlar mı? **C.** 1. Bakırköy'de 2. okula 3. işten **Ç.** a. Çetin'e b. Tezcan'a c. Levent'e ç. Selman'a d. Şaban'a e. Özgür'e f. Sait'e g. Fatma'ya ğ. Hatice'ye h. Emine'ye ı. Şenay'a i. Türkan'a j. Nuray'a k. Şehnaz'a l. Ayşe'ye **D.** 1 from him/her to me 2. from you to us 3. from Los Angeles to New York 4. from İstanbul to Ankara 5. From America to Turkey 6. from Mr. Kemal to Ms. Nazmiye 7. from Sacit to Mesut **E.** 1. biliyor musun? Evet, biliyorum. 2. yapıyor musun? Evet yapıyorum. 3. oynuyor musun? Hayır, oynamıyorum. 4. telefon ediyor mu? Evet, telefon ediyor. 5. konuşuyor mu? Evet, konuşuyor. 6. kullanıyor mu? Hayır, kullanmıyor. 7. yaşıyor musunuz? Hayır, yaşamıyoruz. 8. yapıyor musunuz? Hayır, yapmıyoruz. 9. yapıyorlar mı? Evet, yapıyorlar. 10. yiyorlar mı? Hayır, yemiyorlar.

Ünite 7 (Page 80) ALIŞTIRMALAR A. 1. c 2. b 3. d 4. ç 5. a **B.** 1.altı 2. seksen bir 3. elli dört 4. beş yüz otuz iki 5. iki bin on iki 6. yüz yirmi altı 7. bin 8. bin dokuz yüz yetmiş dört 9. kırk dokuz **C.** 1. Ayşe her gün evde bir saat Türkçe çalışıyor. 2. Sylvia Hanım her akşam televizyonda dizi film seyrediyor. 3. Irene Hanım her sabah ofise gidiyor. 4. Biz bu yıl merkezde Türkçe öğrenmek istiyoruz. 5. Onlar hafta sonu pikniğe gitmek istiyorlar. **Ç.** 1. kursta 2. kahvehanede 3. bir okulda 4. pazardan 5. gişeden 6. bankaya 7. Abdullah Bey'e 8. otelde 9. Kemal Bey'de 10. havuzda 11. İstanbul'a 12. lokantadan 13. masaya 14.plajda 15. denizde 16. palyaçoya 17. Bodrum'da 18. internetten 19. gazeteden **D.** 2. Üsküdar'da 3. Taksim'de 4. kafede 5. sandalyede 6. plajda 7. yerde 8. çekyatta 9. arabada 10. koltukta 11. balkonda 12. terasta 13. merdivende 14. lobide - 2. Kore'den 3. Kanada'dan 4. İngiltere'den 5. Japonya'dan 6. Fransa'dan 7. Rusya'dan 8. sınıftan 9. sinemadan 10. bürodan 11. odadan 12. bahçeden 13. dışarıdan 14. kurstan - 2. Edirne'ye 3. İzmir'e 4. Antalya'ya 5. Adana'ya 6. Van'a 7. Trabzon'a 8. işe 9. köye 10. pikniğe 11. kantine 12. bakkala 13. mağazaya 14. alışverişe **E.** 1. bir kişi 2. iki kişi 3. yirmi lira 4. yüz dolar 5. bin lira 6. seksen sekiz sayfa **F.** 1. ç 2. c 3. d 4. a 5. b **Ğ.** 1. Türkçe öğreniyor musun? 2. İngilizce biliyor musun? 3. Her gün Türkçe konuşuyor musunuz? 4. Nerede oturuyorsun? 5. Nereden geliyorsun? 6. Pasta yemek istiyor musun? 7. Sinemaya gitmek istiyor musun? 8. Ne içmek istiyorsun?

Ünite 8 (Page 93) ALIŞTIRMALAR A. bankacıyım, bankacısın, bankacı, bankacıyız, bankacısınız, bankacılar; öğrenciyim, öğrencisin, öğrenci, öğrenciyiz, öğrencisiniz, öğrenciler; iş adamıyım, iş adamısın, iş adamı, iş adamıyız, iş adamısınız, iş adamları; yöneticiyim, yöneticisin, yönetici, yöneticiyiz, yöneticisiniz, yöneticiler - açım, açsın, aç, açız, açsınız, açlar; tokum, toksun, tok, tokuz, toksunuz, toklar; yorgunum, yorgunsun, yorgun, yorgunuz, yorgunsunuz, yorgunlar; meşgulüm, meşgulsün, meşgul, meşgulüz, meşgulsünüz, meşguller - zayıf değilim, değilsin, değil, değiliz, değilsiniz, değiller; şişman değilim, değilsin, değil, değiliz, değilsiniz, değiller; heyecanlı değilim, değilsin, değil, değiliz, değilsiniz, değiller; tembel değilim, değilsin, değil, değiliz, değilsiniz, değiller - evli miyim? evli misin? evli mi? evli miyiz? evli misiniz? çocuk muyum? çocuk musun? çocuk mu? çocuk muyuz? çocuk musunuz? çocuklar mı? çalışkan mıyım? çalışkan mısın? çalışkan mı? çalışkan mıyız? çalışkan mısınız? çalışkanlar mı? zeki miyim? zeki misin? zeki mi? zeki miyiz? zeki misiniz? zekiler mi? - evdeyim, evdesin, evde, evdeyiz, evdesiniz, evdeler; Türkiye'deyim, Türkiye'desin, Türkiye'de, Türkiye'deyiz, Türkiye'desiniz, Türkiye'deler; işteyim, iştesin, işte, işteyiz, iştesiniz, işteler; yoldayım, yoldasın, yolda, yoldayız, yoldasınız, yoldalar. **B.** Benim adım Mustafa. İstanbul'da yaşıyorum. Ataköy'de oturuyorum. Ben öğretmenim, bir okulda çalışıyorum. Her sabah saat 7'de evden çıkıyorum ve okula gidiyorum. Çok mutluyum. **Ç.** 1. doktorum 2. gazeteciyim 3. bankacıyım 4. işçiyim 5. garsonum **D.** 1. parktalar 2. kuaför 3. memuruz 4. gelin 5. damat 6. hastanedesiniz 7. polissiniz 8. arkadaşız 9. İstanbul'dayız. **E.** 1. basketbolcu 2. dönerci 3. matematikçi 4. kapıcı 5. tatlıcı 6. fotokopici 7. tamirci 8. politikacı 9. taksici

Ünite 9 MİNİ TEST (Page 96) 1. evliyim, evlisin, evli, evliyiz, evlisiniz, evliler 2. Bugün hava soğuk mu? Evet, bugün hava soğuk. Hayır, bugün hava soğuk değil. 3. b, a, b 4. a. sen b. o c. ben ç. siz 5. Hayır, ben Türk değilim. 6. Evet, ben turistim. 7. eve, işe, Türkiye'ye 8. İstanbul'dan, piknikten 9. Biz bu yaz Türkiye'ye gitmek istiyoruz. 10. Dersten sonra eve gidiyorum. 11. a. Mustafa'ya b. Tayyip'e c. uçaktan ç. Hollywood'da d. İstanbul'a e. evden/eve f. saat 5'te g. masaya ğ. balkonda h. çocuklara 12. a. derseyim b. tatildeyim c. İzmir'deyim ç. plajdayız d. yoldayız e. trendeyiz 13. Onlar nerede? 14. Evet, Türkçe biliyorum/biliyoruz. 15. Hayır, onlar Türkçe pratik yapmıyorlar. 17. kafede, Üsküdar'da, arabada
(Sayfa 102) ALIŞTIRMALAR A. 1. pencereye 2. Didim'de 3. Taksim'den 4. öğrencilere 5. İstanbul'dan Ankara'ya 6. otobüse 7. trenden 8. Türkiye'ye 9. sağa 10. plajda 11. beşinci kattan birinci kata 12. Ayşe'den 13. vitrinlere 14. koltukta 15. otelde 16. Sema'ya. **B.** 1. b 2. a 3. ç 4. c **C.** 1. Filistinliyim, Arapça 2. Pakistanlıyım, Urduca, 3. Arjantinliyim, İspanyolca 4. Hindistanlıyım, Hintçe 5. Brezilyalıyım, Portekizce 6. Ermenistanlıyım, Ermenice **Ç.** 1. Vietnamca 2. Arnavutça 3. Arapça 4. Belarusça 5. Moğolca **D.** 1. b 2. a 3. ç 4. c 5. d **E.** 1. f 2. c 3. d 4. e 5. b 6. ç 7. a 8. g **E.** Bu durakta otobüsten in. 2. Saat akşam 8'de trene bin. 3. Hızlı araba sürme çünkü ben korkuyorum. 4. Babaya telefon etme çünkü o çok meşgul. 5. Her hafta öğretmene e-posta yaz. **G.** 1. Brezilya 2. Mısır 3. Hindistan 4. Avustralya 5. İspanya 6. Rusya 7. Amerika 8. Yunanistan 9. İtalya 10. Türkiye **Ğ.** 1. Çocuklara bak! 2. Ayşe'ye bir hediye al! 3. Bir e-posta yaz! 4. Burada dur lütfen! 5. Buraya gel! 6. Eve git! 7. Uçağa bak! 8. Ofiste kal! 9. Köpekten korkma! 10. Sigara içme!

Ünite 10 (Page 113) ALIŞTIRMALAR A. 1. Ben Amerikalı değilim. 2. Benim arabam yok. 3. Ben Rusça bilmiyorum. 4. Ben Türk değilim. 5. Bu bir kitap değil. 6. Masada kitap yok. **B.** 1. Evet, onlar benim arkadaşlarım - Hayır, onlar benim arkadaşlarım değil. 2. Evet, benim babam işte. - Hayır, benim babam işte değil. 3. Evet, onun Türkçe'si iyi. - Hayır, onun Türkçe'si iyi değil. 4. Evet, bizim evimizde balkon var. - Hayır, bizim evimizde balkon yok. 5. Evet, bu benim arabam. - Hayır bu benim arabam değil. **C.** 1. onun babası 2. sizin amcanız 3. bizim dayımız 4. benim teyzem 5. bizim halamız 6. benim yeğenim 7. onun karısı 8. sizin kocanız 9. onun eşi **Ç.** gazetem, gazeten, gazetesi, gazetemiz, gazeteniz, gazeteleri; odam, odan, odası, odamız, odanız, odaları; kahvem, kahven, kahvesi, kahvemiz, kahveniz, kahveleri; komşum, komşun, komşusu, komşumuz, komşunuz, komşuları; param, paran, parası, paramız, paranız, paraları; şapkam, şapkan, şapkası, şapkamız, şapkanız, şapkaları - bilgisayarım, bilgisayarın, bilgisayarı, bilgisayarımız, bilgisayarınız, bilgisayarları; öğretmenim, öğretmenin, öğretmeni, öğretmenimiz, öğretmeniniz, öğretmenleri; anahtarım, anahtarın, anahtarı, anahtarımız, anahtarınız, anahtarları; sınavım, sınavın, sınavı, sınavımız, sınavınız, sınavları; doktorum, doktorun, doktoru, doktorumuz, doktorunuz, doktorları; kuaförüm, kuaförün, kuaförü, kuaförümüz, kuaförünüz, kuaförleri - ağacım, ağacın, ağacı, ağacımız, ağacınız, ağaçları; armudum, armudun, armudu, armudumuz, armudunuz, armutları; hesabım, hesabın, hesabı, hesabımız, hesabınız, hesapları; ayağım, ayağın, ayağı, ayağımız, ayağınız, ayakları; köpeğim, köpeğin, köpeği, köpeğimiz, köpeğiniz, köpekleri; sözlüğü, sözlüğüm, sözlüğün, sözlüğü, sözlüğümüz, sözlüğünüz, sözlükleri. **D.** 1. b 2. c 3. a 4. e 5. ç 6. d **F.** Bende para yok. Param yok. Bende araba yok. Arabam yok. **Ğ.** Hello, my name is Sinan Akdeniz. I am from Antalya. I am a tour guide. During the winter I don't have much work but I am busy in the summer. I know English, Arabic, and Russian. My wife is an American, her name is Rita. Most tourists that come to Antalya come from Germany and Russia. There are also British and American tourists. My business is good. I have many foreign friends. I always write them email. They write to me too.

Ünite 11 (Page 123) ALIŞTIRMALAR A. 1. Türkiye'yi - We are visiting Turkey this summer. 2. dilleri - Which languages do you speak? 3. arabayı - Do you see that car? 4. ödevleri - Are you doing the homework? 5. şarkıyı - Which song do you want to listen to? 6. adresi - Do you know this address? 7. hanımı - I don't know that lady. 8. pencereyi, bunu - Not that window, open this one please. 9. faturaları - I pay the bills every month. 10. kitabı - I am reading this book now. 11. Türkiye'yi - We want to see Turkey. 12. tiyatroyu - I am looking for the theater. 13. çiçekleri - I love flowers. 14. futbolcuları - Everyone knows the soccer players. 15. otobüsü - I am waiting for that blue bus. **B.** 1. Drive a car. - Drive the car. 2. Watch a movie. - Watch the movie. 3 Wear a white blouse - Wear the white blouse. 4. Drink some coffee. - Drink the coffee. **C.** 1. Onu tanıyorum / biliyorum. 2. Onu tanıyor musun? / biliyor musun? 3. Ankara'yı sevmiyorum. 4. Seni çok özlüyorum. 5. Kitapları al. 6. Ayhan gazeteyi okuyor. 7. Bu tişörtü almak istiyorum. 8. Bunu istiyor musun? 9. Onu istiyorum. **Ç.** 1. onu 2. bizi 3. onları 4. babamı 5. bunu 6. filmi 7. onu 8. seni 9. kız kardeşimi 10. öğretmenimi **D.** 1. i 2. ı 3. k 4. a 5. ğ 6. g 7. j 8. ç 9. b 10. c 11. e 12. h 13. f 14. d

Ünite 12 (Page 125) GENEL TEKRAR B. 1. Türkçe konuşuyor musun? 2. Evet, biraz Türkçe biliyorum. 3. Tekrar et lütfen. 4. Erkek kardeşim bir öğretmen. 5. Los Angelesliyim. **C.** Sepette elma, armut, üzüm, ananas, muz var. **Ç.** 1. Nerelisiniz? 2. Nerede oturuyorsunuz? 3. Nereden geliyorsunuz? 4. Evli misiniz? 5. Türk müsünüz? 6. Ne iş yapıyorsunuz? 7. Türkçe pratik yapıyor musun? 8. İşin ne mi? **D.** a. soğuk mu? - Is the weather hot or cold? b. yolda mı? - Is your car in garage or on the street? c. okulda mısın? - Are you at home or school right now? ç. kolay mı? Is your homework hard or easy? d. yakın mı?- Is your home close or far? **E.** a. yirmi beş b. bin on bir c. beş yüz elli beş ç. iki yüz on altı d. iki bin on iki e. beş yüz otuz iki **F.** a. Yemek yapıyorum. b. Bir kitap yazıyor. c. Uyuyorlar. ç. Kitap okuyor. d. Çalışıyor. **G.** 1. Ders çalışmıyorum. 2. Kardeşim İstanbul'da yaşamıyor. 3. Çince bilmiyorum. 4. Ben Türk değilim. 5. Bu bir kitap değil. **Ğ.** 1. Yapma. 2. Alma. 3. Lütfen ver. 4. bir buçuk 5. üç kişi 6. İçme. 7. Lütfen gülme. 8. on bardak 9. sarı bir araba 10. yaşlı bir ağaç **H.** 1. beyaz at 2. açık kapı 3. genç adam 4. yarım saat 5. taze ekmek **I.** 1. masada 2. otobüsten 3. Ayşe'ye 4. çayı 5. dersten 6. köpekten 7.Türkiye'ye 8. ofisten 9. Manhattan'da 10. Mustafa'da 11. kimi 12. kapıyı 13. kapıya 14. 7'de 15. çiçeklere **İ.** biliyorum, biliyorsun, biliyor, biliyoruz, biliyorsunuz, biliyorsunuz, biliyorlar - bilmiyorum, bilmiyorsun, bilmiyor, bilmiyoruz, bilmiyorsunuz, bilmiyorlar - biliyor muyum? biliyor musun? biliyor mu? biliyor muyuz? biliyor musunuz? biliyorlar mı? **J.** elim, elin, eli, elimiz, eliniz, elleri; kahvem, kahven, kahvesi, kahvemiz, kahveniz, kahveleri; odam, odan, odası, odamız, odanız, odaları; sütüm, sütün, sütü, sütümüz, sütünüz, sütleri; kızım, kızın, kızı, kızımız, kızınız, kızları **K.** iyiyim, iyisin, iyi, iyiyiz, iyisiniz, iyiler; yorgunum, yorgunsun, yorgun, yorgunuz, yorgunsunuz, yorgunlar; evliyim, evlisin, evli, evliyiz, evlisiniz, evliler; değilim, değilsin, değil, değiliz, değilsiniz, değiller. **L.** Merhaba, benim adım Sema. Bir bankada çalışıyorum. Ben bankacıyım. Sakaryalıyım ve Sakarya'da yaşıyorum. Biraz İngilizce konuşuyorum. Bir abim ve bir ablam var. Kocam bir okulda öğretmen. O Matematik öğretiyor. O hafta sonları çalışmıyor ama ben çalışıyorum. İki çocuğumuz var. Annem onlara bakıyor. Babam da çalışıyor. O bir doktor. Büyük bir evimiz var ve beraber yaşıyoruz. **M.** 1. Pazar günü sabah saat 10'da kahvaltı var. 2. John Bey şimdi Amerika'da değil O İstanbul'da. 3. Perihan Hanım bir bankada çalışıyor. 4. Kadriye Hanım yeni bir kitap yazıyor. 5. Nicole öğretmene çok soru soruyor. 6. Saat 8'de güzel bir film var.